30 DIAS EM SYDNEY

PETER CAREY

30 dias em Sydney

Um relato desvairadamente distorcido

Tradução
Bernardo Carvalho

Ilustrações
Paulo Pasta

COMPANHIA DAS LETRAS

Copyright © 2001 by Peter Carey

Título original 30 days in Sydney: a wildly distorted account

Capa William Webb (adaptada por Raul Loureiro)

Foto da Capa Martyn Rose

Projeto gráfico Raul Loureiro

Preparação Cássio de Arantes Leite

Revisão Ana Maria Barbosa e Cláudia Cantarin

Dados Internacionais de Catalogação na Publicação (CIP)
(Câmara Brasileira do Livro, SP, Brasil)

Carey, Peter
    30 dias em Sydney: um relato desvairadamente distorcido /
Peter Carey; tradução de Bernardo Carvalho. — São Paulo: Companhia das Letras, 2001.

    Título original: 30 days in Sydney: a wildly distorted account
    ISBN 85-359-0174-4

    1. Sydney (Austrália) I. Descrição e viagem I.Título.

01-4494   CDD-919.44104

Índice para catálogo sistemático:
1. Sydney : Austrália: Relatos de viagem
    919.44104

2001
Todos os direitos desta edição reservados à
EDITORA SCHWARCZ LTDA.
Rua Bandeira Paulista, 702, cj. 32
04532-002 — São Paulo — SP
Telefone (11) 3846-0801
Fax (11) 3846-0814
www.companhiadasletras.com.br

Para Kelvin, Lester, Sheridan, Marty, Jack e Geordie

"Tive de rearranjar os seus rostos e mudar o nome de todos."

CAPÍTULO UM

Não espero ser capaz de transmitir a nenhum leitor a minha própria idéia da beleza da baía de Sydney, escreveu Anthony Trollope. Nada vi parecido entre todas as angras e enseadas, nada que se compare. A baía de Dublin, a baía de Spezia, Nova York e a enseada de Cork são todas belas e pitorescas. A baía de Bantry, com seus braços de mar correndo até Glengarrif, é adorável. Mas nada se iguala a Sydney em forma, cor ou variedade. Não conheço Nápoles, nem o Rio de Janeiro, nem Lisboa, mas pelas descrições e imagens sou levado a crer que nenhuma delas pode possuir tamanho encanto como o das águas contidas pelas Sydney Heads.*

Não dava para ver a baía do assento no corredor do Boeing 747 que me trazia de Nova York de volta ao lar. Tive de me contorcer e esticar o pescoço como faziam os meus companheiros de ombros largos de Connecticut, todos vestidos com uniformes espetaculares, confeccionados com os motivos (as listras e as estrelas) da bandeira americana. Membros de uma equipe de artes marciais, eles estavam tão ouriçados em relação à viagem, e tão *estrepitosamente* excitados desde que tínhamos deixado Los Angeles treze horas antes, que aca-

---

* Os cabos Norte e Sul, promontórios à entrada da baía de Sydney. (N.T.)

7

baram servindo como o teste definitivo aos poderes do meu Temazepam. Precisei tomar duas cápsulas de 15 mg e quatro taças de vinho tinto antes de poder por fim pegar no sono. Nossa conversa fora breve. Eu sabia apenas que eles almejavam ganhar algumas medalhas em Sydney. Sabiam que eu morava em Nova York. E tenho certeza de que nem desconfiavam de que eu pudesse ser um australiano tentando obter um vislumbre do velho lar.

Lar? Só me mudei para Sydney quando já estava com quase quarenta anos e ainda assim trazendo na bagagem a típica desconfiança de Melbourne por essa cidade vulgar e trapaceira, antro de condenados. Aluguei uma casa geminada, caindo aos pedaços e com goteiras, em Balmain, pois sabia que, mesmo se a minha mãe estivesse certa, e Sydney fosse igualzinha ao Liberace, não me arrependeria de acordar todas as manhãs com a vista do porto. Isso era em Wharf Road, em Balmain, entre o estaleiro Stannard e o velho terminal da Caltex. Balmain era um velho bairro operário com favas de baunilha na vitrine da confeitaria, péssimos restaurantes, pubs sombrios cheirando a cerveja azeda e freqüentados por estivadores, comunistas, bandidos, policiais e o peculiar mitômano que idealizou a vida literária local ao descrevê-la a um repórter do *Le Monde* como "Le Ghetto de Balmain".

Havia escritores, sim, mas naqueles anos Balmain tinha uma zona portuária em atividade e do fundo do meu negligenciado jardim eu podia avistar os rebocadores de casco marrom e baixo, os petroleiros e os cargueiros ancorados, sentir o cheiro de óleo e assistir aos rasantes dos morcegos, como os Nazguls de Tolkien, nas noites quentes e subtropicais, enquanto Margot Hutcheson, com quem eu vivia naquele tempo, dormia ao meu lado num colchão bem na beira do ancoradouro. A escuridão iridescente e oleosa latejava com o barulho dos motores dos navios.

Agora, 27 anos depois, estrangeiro residente nos Estados Unidos, eu reivindicava a cidade seiscentos metros abaixo. A tela de vídeo mostrava Sydney a apenas cinco quilômetros de distância, mas o Pacífico encapelado continuava obscurecido pelas nuvens baixas — e quando por fim nós as vencemos, eu já não sabia onde estava. Não tomamos a rota de aproximação que eu havia esperado, aquela que me levaria direto à entrada familiar de Sydney, entre os dois penhascos altos e amarelados que chamamos de Heads.

São escarpas de um amarelo-claro que expõem o DNA da cidade — ou seja, trata-se de uma cidade de arenito, essa pedra que por sua vez desponta por toda parte, entre os arbustos escuros e barrentos, nos prédios correcionais da cidade velha e nos muros de sustentação de todas aquelas ruas íngremes da zona portuária. O arenito de Sydney tem muitas qualidades. É macio e fácil de moldar (para os presos, um *arenito* era um homem que chorava e se curvava sob o açoite).

Também é altamente poroso, de modo que os primeiros colonos o usaram para filtrar a água. Quando chove em Sydney, o que acontece com a mesma dramaticidade das monções em Hong Kong, a água logo escoa, deixando uma camada superficial de solo pobre, de onde os nutrientes há muito foram lavados. É isso, em contrapartida, que determina a flora única que cresce aqui.

Com nutrientes tão escassos, escreve Tim Flannery, as plantas não podem se dar ao luxo de perder as suas folhas para os herbívoros. Por isso defendem sua folhagem com um coquetel mortal de toxinas que, por sua vez, dão aos arbustos um cheiro peculiar — o aroma anti-séptico dos eucaliptos e o odor acre do hortelã. Quando as folhas dessas plantas caem na terra, estão carregadas de venenos e é difícil para os agentes de decomposição no solo digeri-las. As folhas mortas jazem sobre a areia rapidamente drenada até chegar um período de calor mais intenso. É quando, insuflado pelos ventos secos do norte, desata o fogo.

Assim, o próprio perfume do ar de Sydney é uma conseqüência do arenito. É também o arenito que dita os termos da ocupação humana. Por 40 mil anos, os caçadores e coletores aborígines souberam como comer, e por vezes banquetear-se por aqui, mas os britânicos que deram início a sua furtiva invasão em 1788 não tinham a menor idéia de onde estavam. Estabeleceram-se em fazendas como teriam feito em Kent ou

Surrey e o arenito quase os matou. Inanição. É disso que falam as falésias amareladas de Sydney se você se propõe a ouvi-las. Mas há mais, muito mais. Essa cidade moderna e agradável, de praias e restaurantes, de veleiros c dc porres nas noites de sexta-feira, é feita de traumas que, de tão dissimulados, podem facilmente passar despercebidos. Se você vem de Nova York, tudo o que vai notar é o aparente modo de vida despreocupado, a leveza, a impressão de uma população em férias permanentes. Mas aqui uma guerra amarga foi travada em torno desta terra. Os eora, que ainda acreditavam que Sydney fosse o seu país, pegaram varíola e caíram feito moscas. Os condenados eram chicoteados e estupravam as mulheres dos eora, que por sua vez os matavam em emboscadas. Duzentos anos depois, o passado insiste em emergir no presente com uma clareza estonteante e inacreditável.

É claro que o capitão Cook nunca recomendou a ninguém se instalar na enseada de Sydney. Foi Botany Bay, oito quilômetros ao sul, que ele promoveu como local de assentamento, até o governador Phillip dar uma olhada e declarar o lugar impossível. Em uma semana tinha inspecionado a baía de Sydney e aportado com o seu carregamento humano.

Sua Excelência, escreveu Watkin Tench, vendo o estado em que se encontravam esses pobres sujeitos [os condenados], ordenou que um pedaço de terra fosse cercado para o cultivo de legumes para os presos. As sementes semeadas nessa ocasião de início pareceram promissoras e em bom estado sobre a terra, mas logo estavam murchas.

É mais do que apenas intrigante que algumas das melhores hortas em Sydney possam ser encontradas hoje em Botany Bay, e é tentador imaginar como a cidade teria se constituído, como teria sido diferente, tivesse o governador Phillip se estabelecido onde lhe fora indicado.

Mas Botany Bay foi abandonada e — é o que se sente ao avistá-la — *punida* por não ser o que Cook havia prometido. Tornou-se o lugar remoto onde todos os indesejáveis — os mortos, os loucos, os criminosos e os meramente indígenas — foram confinados, com segurança, para fora do campo de visão. É o quintal, a porta dos fundos, onde toda a merda humana é jogada. Podia haver lugar melhor para um aeroporto?

No dia em que cheguei, na minha busca de volta ao lar, primeiro deslizamos em vôo rasante sobre as águas encapeladas de Botany Bay para afinal pousarmos com uma pancada seca e desagradável no aeroporto internacional de Kingsford Smith, em Sydney.

Cliente O'Brien, Cliente Figgis. Essas foram as primeiras palavras que ouvi ao desembarcar em solo australiano. Cliente O'Brien, Cliente Figgis, por favor compareçam ao balcão no interior do terminal.

A formalidade do estilo burocrático feriu os meus ouvidos e me fez lembrar de que estava realmente de volta ao lar, *no wucking furries!**

Cliente O'Brien, compareça ao balcão.

Virei-me para os meus companheiros de Connecticut. Não tinham idéia da cara que faziam. Nem podiam imaginar a estranheza do lugar onde estavam. É claro que não ficaram ofendidos com o estilo da recepção, mas fui repentinamente tomado por uma irritação mais compreensível num adolescente que, ao voltar do internato para casa, redescobre a inconveniência da sua família. Deus do céu! Por que falamos com as pessoas desse jeito? *Cliente?* Que espécie lúgubre de reunião em alguma sala de conferências sem janelas pode ter produzido uma forma de tratamento dessas para os viajantes estrangeiros? *Cliente O'Brien. Cliente Kane!*

Não dá para esperar de um turista curioso que entenda o quanto essa linguagem guarda dos segredos da nossa história, pois foi esse o discurso de uma nação que começou sua vida sem burguesia, cujos primeiros cidadãos aprenderam a conversar educadamente com base nos relatórios policiais: por exemplo, Nesta altura detive o suspeito, informei-o dos seus direitos e ele me acompanhou em silêncio ao tribunal, onde colaborou respondendo às minhas perguntas.

---

* Trocadilho eufemístico para "*no fucking worries*", "sem aporrinhações". (N.T.)

Está bem, isso não é justo da minha parte. O termo *cliente**
tem até a sua decência. Você é nosso *cliente*. E se é um *cliente*,
então deve ser servido. Mas, que raios, sempre tivemos problemas com o serviço.

Em 1958, o inglês J. D. Pringle, em seu *Australian Accent*
[Sotaque australiano], condescendente mas perspicaz, fez a
seguinte e útil observação sobre os australianos: eles tendem
a achar que ser educado é ser servil.

É possível dar muitos exemplos disso, ele prossegue.
Lawrence descreveu essa tendência com perfeição nas primeiras páginas de *Kangaroo*, quando Somers está tentando pegar
um táxi. Um ilustre cientista britânico hospedado num pequeno hotel durante uma visita à Austrália certa vez pediu ao
porteiro — ou ao funcionário de plantão — que descesse sua
bagagem do quarto para o saguão. Ficou de queixo caído ao
receber como resposta: "Por que você mesmo não leva? Você é
bem forte pra isso...". O australiano não entende por que um
homem não pode carregar as próprias malas se é forte para
tanto. O mesmo raciocínio está por trás do hábito quase universal de se sentar na frente, ao lado do motorista, quando se
pega um táxi sozinho. Sentar-se no banco de trás indicaria uma
relação de patrão e empregado, de homem rico e seu chofer.

---

* *Customer*, em inglês, tem o sentido mais usual de "cliente", "freguês", mas também de
"indivíduo", mais genérico. (N.T.)

O motorista não dirá nada se você se sentar atrás, mas muitas vezes fará o possível para que sinta ter cometido uma gafe de mau gosto.

Pringle parece incapaz de dizer realmente *por que* o porteiro e o motorista de táxi são assim. No princípio fiquei irritado com essa aparente obtusidade, mas por fim, na última página do livro, comecei a suspeitar que seu silêncio fosse resultado de prudência. Afinal, havia trabalhado em Sydney. E a conhecia o suficiente para não dizer que seus habitantes ainda traziam a *marca dos condenados*. Mas nas últimas linhas de *Australian Accent* ele finalmente revela o que esteve em sua cabeça por 202 páginas. No fundo do coração mais secreto de Sydney, ele escreve, sob o atrevimento, o orgulho e a bazófia, está uma memória do sofrimento humano, e o ressentimento em relação aos que o causaram.

O passado em Sydney é assim, ao mesmo tempo comemorado e negado, enterrado, ainda que em evidência por toda a parte, como nesse elemento que consiste no Instrumento de Prova A, essa irritante forma de tratamento *Meu cliente*, que apresento diante de Vossa Excelência quando, nesta manhã clara de céu azul, venho reivindicar um lar.

CAPÍTULO DOIS

Se você disser com segurança que conhece uma cidade, é provável que esteja falando de uma vila. Uma metrópole é, por definição, inesgotável, tanto que na hora da partida, trinta dias depois, Sydney continuava tão desconhecida para mim quanto na clara manhã de abril em que desembarquei. Quando o calor do verão deu por fim lugar aos dias frescos e ensolarados de maio, eu já havia feito mais descobertas do que merecia, e ainda assim partia praticamente com as mesmas noções com que havia chegado — Sydney não era igual a nenhum outro lugar no mundo; não era definida apenas pela sua sofrida e peculiar história humana, mas pelos quatro elementos da natureza: a Terra, o Ar, o Fogo e a Água.

Você pode passar a vida inteira em Nova York e, tirando uma nevasca ou outra, de certa forma convencer-se de que a natureza não lhe diz respeito. Eu nunca tentaria definir Manhattan pedindo a amigos nova-iorquinos que contassem histórias de Terra, Ar, Fogo e Água, mas era exatamente o que tinha em mente ao passar pelo controle de passaportes do aeroporto internacional de Kingsford Smith, em Sydney. Era uma idéia boa e simples que me permitiu seguir para a saída B com total confiança na riqueza do material que me aguardava.

Eu esperava encontrar Kelvin, e lá estava ele, que nem

uma tora, num terno bege amarrotado. Estava lá por ser o meu amigo mais antigo e querido — por coincidência, também é um exemplo perfeito do que eu falava. Sabe de coisas sobre a água que fico satisfeito de ouvir em terra firme.

Kelvin acena por cima da multidão com o seu *Financial Review* enrolado e, conforme o vejo abrindo caminho na minha direção, preciso confessar que mudei seu nome, não por razões legais, mas por conhecimento de causa, por já ter me servido dele como personagem anteriormente e saber que basta ver aquela desleixada manifestação de cores com colarinho acima de 43 forçando sua passagem com os ombros através da turba para entender sem maiores esforços que não se trata de um homem que aceitaria pacificamente ser confinado à página de um livro. Kelvin até que gosta de que escrevam sobre ele, mas é um tanto especial no que se refere à maneira como o retratam. Ele se intromete. Sai para beber com os editores. Graças aos seus contatos, já foi capaz de erradicar, sem o meu conhecimento ou aprovação, parágrafos inteiros dos meus livros, entre as provas e a primeira edição.

Kelvinator?,[*] ele pergunta quando o chamo por esse nome. Que porra de nome é esse?

Forte como um refrigerador, eu lhe explico. É muito lisonjeiro.

---

[*] Referência ao personagem do filme *Terminator*, ou *O exterminador do futuro*. (N.T.)

Ele envelheceu desde que surgiu à minha porta pela primeira vez em 1974. Não tem mais cabelos louros até os ombros nem o dente de tubarão pendurado em torno do pescoço nu, mas, ao ouvir seu *nom de guerre*, mostra que continua desbocado, volúvel, sentimental e brigão.

Vou chamá-lo de Kelvinator mesmo com ele detestando o nome, mas em troca vou lhe dar um pouco mais de cabelo. Devia ficar agradecido. Afinal, ele é um sujeito de meia-idade e eu podia muito bem descrevê-lo como careca.

Kelvinator?, ele pergunta. A gente resolve isso mais tarde.

Dito isso, ele arrebata a minha mala e toma o rumo do estacionamento.

Espere, preciso trocar dinheiro.

Esqueça. Você está com um problema aqui que é melhor evitar.

Não estou com problema nenhum.

Está sim senhor. Sheridan anda por aí. E está atrás de você.

Como é que eu podia imaginar que seria Sheridan quem por fim deitaria por terra as minhas idéias, obrigando minha história a falar dele?

Gosto de Sheridan, eu disse, inocente, enquanto procurava na multidão um sinal do rosto barbado e desleixado.

Não, colega, rebateu Kelvin, me segurando com firmeza pelo cotovelo e me puxando para fora, sem me deixar parar no guichê de câmbio, me empurrando para o ar claro e luminoso de Sydney. Não, colega, o velho Sherry está muito bêbado. E não está em condições de entabular uma conversa agradável.

São sete horas.

Exato. Disse a ele que você chegava ontem e eu achava que você ia ficar no Regent, mas ele continua trôpego pelo saguão de desembarque.

Não podemos simplesmente deixá-lo aqui.

Relaxa, colega, disse Kelvin. O filho mais velho está com ele e, graças a Deus, está quase sóbrio. Seria muito desagradável ter que lidar com isso logo ao sair do avião. Sheridan brigou com Clara e está morando numa caverna nas montanhas.

Ah, que chato.

Provavelmente é muito bom para Clara. Ele anda obcecado com a lavoura dos gravetos de fogo* dos aborígines. Só fala disso. Estava com uma pilha de anotações para entregar a você. Ele as deixa cair. E o filho sai catando atrás. A cena não varia muito.

Eu gostaria de ler sobre a lavoura dos gravetos de fogo.

Segundo Sheridan, todo o negócio é uma conspiração das companhias de mineração.

Com que propósito?

Vai saber, porra! Onde é que eu deixei o meu carro?

---

* *Firestick farming*: antiga técnica aborígine que consiste em limpar a vegetação do terreno com queimadas resultantes da fricção de gravetos. (N.T.)

Eu o seguia enquanto ele o procurava, uma após a outra, pelas alamedas de carros novinhos em folha ou seminovos. Talvez fosse apenas o fato de o JFK, o aeroporto de Nova York, ser tão feio e caótico, ou talvez fosse o cheiro de eucalipto no ar, mas até mesmo ali, num estacionamento de aeroporto, Sydney parecia particularmente bela e desopilada. Eram sete da manhã. Tudo parecia limpo e descongestionado. Batia uma leve brisa nordeste. Os arbustos floresciam e, de novo, se ouvia o gorjeio cristalino das pegas do oeste.

A meio caminho de uma alameda de carros, faróis piscaram e uma buzina piou. Ah!, exclamou Kelvin, ali está ele.

Meu Deus, Kelvin, é um Jaguar.

É só um pequenininho, ele deu uma risadinha.

Não só não era pequeno como também era ridículo que Kelvin pudesse ter um Jaguar de qualquer tamanho. Quando o conheci, ele vinha de três anos vivendo às custas de um salário-desemprego, pegando onda nos cabos de Nambucca. Trabalhara para Madre Teresa na Índia. Tinha criado uma história em quadrinhos chamada *The Bong Brothers*, muito apreciada por todos os meus amigos, mas quando morou lá em casa não podia pagar nem o aluguel. E todavia, 25 anos depois, tinha se tornado o *publisher* de quinze jornais de subúrbio e de cinco revistas especializadas. Era presidente e diretor-executivo de uma companhia de capital aberto. Além de membro de uma corporação que atraiu investimentos pesados com a sua primeira oferta de ações públicas ao entrar na Bolsa. Ele valia 24 ou 30 mi, o que era, é claro, impossível.

Conheci Kelvin depois de me mudar de um lado de Snail's Bay para o outro, para a rua que os motoristas de táxi chamavam de Lousy Road* por ser tão estreita. Louisa Road era zona portuária barata na baía de Sydney sem nenhum contratempo real além dos brutais ventos do oeste e das semanas durante as quais os navios de cascos enferrujados que por vezes ficavam atracados no fundo dos nossos quintais deixavam os geradores ligados noite adentro.

Na esquina de entrada da rua havia um bordel com amplo estacionamento embaixo. Na outra ponta, bem no ancoradouro das barcas, ficava a casa que um dos meus vizinhos alugava para uma gangue de motoqueiros fora-da-lei e, no meio, um estaleiro, um construtor de barcos, um amálgama de comerciantes que trabalhavam nas docas em Cockatoo Island, um motorista de táxi, um restaurador de arte, um encanador, um ou dois escritores, um viciado em heroína sem emprego regular, alguns boêmios e gente como eu e Kelvin que, ao ver o meu Jensen Healey vermelho, logo começou a fazer perguntas.

---

* *Lousy Road* (rua "piolhenta", "chinfrim", "decrépita"), trocadilho com Louisa Road, o verdadeiro nome da rua. (N.T.)

Levaria anos para Kelvin aceitar a idéia de eu ser um escritor.

Você está no ramo da publicidade?, ele me perguntaria naquela primeira noite. À exceção do grande envelope de papel manilha que levava debaixo do braço, parecia o surfista que por vezes tinha sido. Estava pensando, colega, se você podia me conceder um instante do seu tempo.

O envelope de papel manilha continha o boneco de um jornal semanal; a coisa de que ele estava precisando era, bem, alguma publicidade.

Eram outros tempos. Não começou vaticinando sobre a circulação. Isso, ele disse enquanto tirava o boneco do envelope, vai explodir com a estrutura de poder.

Em abril de 2000, deslizei para dentro do mundo rico em couro do seu Jaguar. Como anda a Bolsa?, perguntei.

Ele fez uma careta. Em baixa de três pontos percentuais.

Você podia vender, sugeri. Ia continuar com uma boa margem de lucro.

Não, não posso, colega. Gente demais depende de mim. Quem? Bem, o imbecil do Sheridan, para citar um.

Ele comprou na primeira oferta? Você *me* disse para não comprar.

Eu disse *a ele* para não comprar. Mas ele achou que eu estava escondendo o jogo e comprou um monte de ações.

Quantas?

Cada tostão que ele tinha. Oito mil.

Quanto elas valem agora?

Quer me fazer um favor? Nem fale mais nisso.

Seguimos calados pela estrada do aeroporto. Pensei em Sheridan, que era um sujeito entusiasmado, cheio de energia e afeto. Era terrível pensar que realmente não tivesse onde se segurar, e decidi, no meu silêncio, procurá-lo naquele dia.

Aproveite para curtir estar de volta, disse Kelvin. Você está doidão de *jet lag*. Este é o momento em que tudo parece perfeito.

A estrada estava mudada.

São as Olimpíadas. Tudo mudou.

Mas olhe só todas essas árvores em flor. São tão bonitas. Sabe, eu tinha me esquecido, mas nós temos as plantas mais extraordinárias.

Doidão de *jet lag*.

São estranhas e pré-históricas. Aquela é uma *hakea*, certo? Me esqueci de que sabia o nome dela. Aquela é uma *callistemon*, aquela é uma *grevillea*. É o máximo saber o nome das coisas de novo. Andei lendo um livro de Flannery. Vou emprestar pra você.

Não tenho tempo de ler, colega.

OK, esta paisagem é de fogo. Essas plantas gostam do fogo. O fogo é uma das coisas que fazem esta cidade ser tão diferente.

Sim, me diga uma coisa. Tenho saudades daquela casa em Taylor's Bay. Nunca mais quero ver um incêndio daqueles.

Talvez você pudesse me falar sobre aquele incêndio, para o livro.

O quê? Para depois ser chamado de Kelvinator? Não, obrigado, colega. Ele apontou para as flores vermelhas de *bottlebrush* enquanto passávamos zunindo. Aquela é uma *callistemon*, se você estiver interessado em saber.

Sim, e aquela é uma *Grevillea robusta*.

Leptospermum.

É estranho a gente usar os nomes em latim, eu disse, enquanto ele pisava no acelerador e o motor V12 nos carregava por entre os arbustos cáqui e as flores compridas e finas. Voávamos a 120 quilômetros por hora. Temos uma flora tão rica, eu disse, tantas espécies, mas quase nenhum nome comum. Somos um povo antiintelecutal que fala em latim. Gostaria de saber quais teriam sido realmente os nomes dessas plantas.

Kelvin ia costurando pelo tráfego e, embora não tenha me olhado, pude sentir que se retesava. O que você quer dizer com "realmente"?

Anteriormente, eu respondi, antes de 1788.

E o país era mais real antes de 1788?

Não fique enfezado tão depressa. Eu queria saber como os eora chamavam essas plantas.

Estávamos nos aproximando do primeiro semáforo, onde aquele intenso espetáculo botânico se desfazia e a Moore Park

Road se abria à nossa frente. Agora, conforme diminuía a velocidade, Kelvin me olhou atravessado e revirou os olhos.

Escute, ele disse, sou totalmente a favor dos direitos territoriais dos aborígines.

Ótimo.

E eu gostaria que esse bosta desse primeiro-ministro fosse suficientemente magnânimo para pedir desculpas aos aborígines por toda a merda pavorosa que eles sofreram, mas este também é o meu país. Eu sei o que é uma *grevillea*. E estou pouco me fodendo para o nome que tinha antes. Não me interessa, Pete. Esta é uma cidade grande. São 4 milhões de pessoas. Temos tanta merda mais importante para resolver.

Suponho que os eora também estejam pouco se fodendo.

Houve uma guerra, foi o que eu disse a Sheridan. Houve uma guerra, colega. O nosso lado ganhou. A história está repleta de guerras por território. Acho que esse foi o nosso grande erro, nunca ter admitido que houve uma guerra, fingir que achamos este simpático pedaço de terra vazio, e que ninguém o estava usando. Fomos criados na mentira e é um choque para as pessoas reconhecerem a verdade. Não me refiro aos aborígines, eles sempre souberam.

Depois disso, continuamos calados pela Moore Park Road, seguindo ao longo de uma grande faixa de verde que se estendia luxuriante até o horizonte.

Como você acha que esta estrada "realmente" se chamava?, ele perguntou, com um sorriso forçado.

Cala a boca, Kelvin.

Não, havia uma estrada aqui, Pete, ou pelo menos uma picada no começo.

Como é que você pode saber uma coisa dessas?

Na verdade, aprendi esta manhã, enquanto esperava o seu avião.

Com Sheridan?

Ele disse que, há dezenas de milhares de anos, havia um barranco abaixo da Moore Park Road ou da Anzac[*] Parade, ele não tinha certeza sobre qual das duas. De qualquer jeito, os kooris tinham um caminho ao longo da borda do barranco, indo da enseada de Sydney até Botany Bay. Aí o vento trouxe as areias do leste e a terra ficou plana, mas os homens são criaturas de costumes, de modo que a picada manteve a linha ao longo do barranco. Ela foi usada por dezenas de milhares de anos e quando o trisavô de Sheridan foi pego falsificando contratos ela já se tornara uma trilha de carroças. E agora é a Moore Park Road.

Você acha que é verdade?

Sheridan é um puta de um atrapalhado, mas acho que é verdade, provavelmente.

---

[*] Anzac (Australia New Zealand Army Corps), Força Expedicionária da Austrália e Nova Zelândia, que lutou na Primeira Guerra contra os turcos. (N.T.)

Logo tínhamos saído da Moore Park e suponho que tenha sido o barato do *jet lag*, pois, ao passar pelo Centennial Park e entrar em Woollahra, sob as enormes figueiras de Moreton Bay, avançando por uma rua depois da outra de ferro batido vitoriano, pensei que nunca tinha estado numa cidade tão bonita em toda a minha vida.

Você escolheu este caminho de propósito?

Mas Kelvin nem chegou a entender a minha pergunta. Agora estava com pressa. Tinha uma reunião com os outros diretores da companhia, que estavam nervosos com a queda da Bolsa.

O que você vai fazer hoje?, ele me perguntou, ao embicar com o carro na entrada da casa e puxar a minha bagagem para fora do porta-malas.

CAPÍTULO TRÊS

Aqui está a chave de casa, disse Kelvinator, e esta é a do velho Honda, que está estacionado na rua. Use-o como se fosse seu. Este é o código do alarme anti-roubo, não o esqueça, e se você for jantar com a gente... não, não se preocupe, me ligue no trabalho quando tiver decidido. Janet vai estar de volta de Melbourne lá pelo meio-dia. As crianças voltam para casa às quatro, mas têm a chave.

Ele saiu para a sua reunião de diretoria. E eu fiquei no meio da cozinha recém-reformada, preocupado com Sheridan. Como a maioria dos meus amigos de Sydney, Sheridan exagerava no vinho tinto, vivia discutindo e tinha opinião para tudo. E, contudo, era de uma generosidade infalível, tinha sido meu amigo por vinte anos e eu sabia que não devia tê-lo abandonado com o filho no aeroporto, o que me fez sentir culpado e, de repente, emocionalmente perturbado.

A minha agenda Filofax continha uma barafunda de números de Sheridan, emendas, flechas para cima e para baixo, como serpentes e escadas. Liguei para todos, mas não obtive nada mais encorajador do que uma secretária eletrônica com a voz de Clara. Em seguida, tentei Jack Ledoux, mas o número dele estava ocupado, e eu desviei minha atenção para a máquina de fazer café expresso de Kelvin novinha em folha.

Eram nove da manhã em Sydney e, aturdido com o *jet lag*, me enganei ao estimar que devia ser meia-noite em Manhattan. Podia ver minha mulher e as crianças dormindo, ouvir sua respiração como preces murmuradas dentro da escuridão. Quando por fim tomei o café na xícara branca e elegante, estava me sentindo ao mesmo tempo em casa e saudoso de casa.

Devia ter pegado o telefone e ligado para os amigos cujas histórias eu pretendia coletar. Já as listara sob os temas de Terra, Ar, Fogo e Água. Tudo o que tinha a fazer era ligar para eles, mas em vez disso vaguei como um fantasma pela casa com cheiro de tinta de Kelvinator, fui da claridade à penumbra, e da penumbra à claridade, da porta de entrada em estilo vitoriano tardio à cozinha com jeito de café moderno, cujas portas de vidro e esquadrias de aço davam para uma piscina preta. Era difícil não ficar com pelo menos uma ponta de inveja. A casa em si só tinha nove metros de largura, mas a julgar por Manhattan o espaço parecia ilimitado. O vestíbulo era generoso, o pé-direito alto. A sala dupla e profunda da frente no passado havia sido duas, mas agora se tornara uma grande e fria sala de jantar — por que ninguém em Sydney aquece suas casas? — e uma biblioteca recheada, na maior parte, de biografias e livros de história. Só consegui encontrar um romance: *The Third Policeman* [O terceiro policial], de Flann O'Brien.

Foi uma estranha descoberta numa casa onde ninguém lia ficção, mas ao abrir o livro me deparei com a caligrafia de Sheridan. De repente, não havia mais nada de estranho. Sheridan sempre presenteou romances — não apenas romances, mas todos os tipos de escritos, pílulas de sabedoria, fatos úteis, belas passagens de prosa. Para Janet e Kel, de Sheridan, eu li, como lembrança do vento prateado. Prateado como uma faca. 3 de janeiro de 1996.

Sheridan não tinha o menor respeito pelos livros como objetos, escrevia nas margens, dobrava o alto das páginas e usava os marcadores mais improváveis, a começar por papéis de bala e suas próprias meias. Mas nunca soube de um homem que tivesse tanta fé nas palavras, pois estava sempre tentando dar aos amigos a peça que faltava ao quebra-cabeças, aliviando a dor que a ignorância certamente infligia aos nossos corações.

O alto da página 31 dessa primeira edição de *The Third Policeman* estava virado e ele marcara o seguinte trecho com uma esferográfica.

"Sem dúvida você sabe que os ventos têm cores", ele disse. Me pareceu que ele se acomodara na cadeira e mudara de expressão, até ficar um pouco mais afável.

"Nunca reparei."

"Um registro dessa crença pode ser encontrado na literatura dos povos antigos. Há quatro ventos e oito subventos, cada um com a sua própria cor. O vento leste é de um roxo profundo, o vento sul é de um prateado reluzente..."

Por que Sherry teria marcado essa passagem? Não era difícil imaginar. Assinou sua dedicatória em 3 de janeiro, a alta estação das rajadas meridionais. Minha suposição era que eles tivessem velejado com o barco de Meredith em Pittwater. Devem ter sido pegos por um vento prateado e assassino e algo deve ter se partido ou arrebentado: devem ter sido jogados em alguma aventura violenta, num rodamoinho que teria feito os móveis da cabine saltarem do chão. Eram todos caubóis, as mulheres também. A de Kelvin, editora de fotografia, era a mais impetuosa de todos.

Jack Ledoux velejou algumas vezes com eles, embora tenha chegado a insinuar que eram muito imprudentes para o seu gosto. Me diga, Jack perguntou depois de Kelvin e Sheridan terem deixado mais uma gafetope em frangalhos num vento de Força 6, por que estão sempre se metendo em confusão, Peter? E levantou tão alto as sobrancelhas que elas desapareceram debaixo da cabeleira branca.

Você devia falar com ele, disse Sheridan. Meu Deus, você já viu aquele esquife dele? Eis aí um sujeito que quer morrer.

E foi Jack Ledoux quem teve a experiência mais desvairada com um vento meridional em Sydney. Ele constava do meu caderno na categoria Ar. Já havia ligado para ele de Nova York e ele concordara, em princípio, em contar a história ao meu gravador.

Disquei o número de novo, e dessa vez o telefone foi atendido, ao que tudo indicava, por um bebê aos berros. Foi só depois de um instante que ouvi a voz extenuada de Jack, pedindo ao interlocutor para agüentar um minutinho.

Imaginei o meu velho amigo dentro da sua famosa casa sem paredes externas, debaixo das escarpas de arenito de Pittwater e, enquanto ouvia o bebê chorando, me lembrei de uma noite antes do nascimento do filho mais velho de Jack, em que Kelvin e eu tentamos lhe empurrar todas as quinquilharias de recém-nascidos de que Kelvin já não precisava. Mas Jack estava com 56 anos e tinha vivido até então uma Vida de Poucas Posses, de modo que, embora o tivéssemos ajudado a enfiar todos os entulhos de Fisher-Price e Babycare dentro do seu Saab bolorento, ele trouxe tudo de volta no dia seguinte.

Desculpe, Kel, ele disse. Mas não vai dar.

Agora dava. E, pelo jeito, as coisas haviam mudado. Agora ele era um ex-esteta grisalho, caminhando de volta para o telefone, atravessando um campo minado de babadores, cercadinhos de criança e brinquedos de plástico.

Acabei de falar de você com Sheridan, ele disse. Acabei de desligar.

Onde ele está?

Em algum lugar *bem* alto, ele riu. Está com um material

vital para você ler. Jack riu de novo. Na verdade, foi bom você ter ligado, porque estive pensando naquela minha história. Sei que lhe prometi...

Droga, pensei. Ele está dando pra trás.

Sabe, Peter, por muito pouco eu não morri. Quando uma coisa dessas acontece, quando você se safa, é melhor ficar quieto, não acha?

Quando você se safa?

Além do mais, ele disse num tom um tanto severo, tem aquela velha questão da privacidade.

Ele estava fazendo menção a algo que eu gostaria de ter esquecido. Uma vez, tomei a bela casa que ele desenhara e inadvertidamente a atribuí a um certo personagem de ficção, um sujeito envolvido até a raiz no mundo da corrupção dos negócios e da política de Sydney.

Eu só tinha querido fazer uma homenagem a uma obra de arte, mas raciocinei como romancista e não como arquiteto, porque não há dúvida de que Jack, um sujeito meticuloso, jamais construiria uma casa para aquele meu personagem.

Quando ele leu o livro, me escreveu uma carta furiosa. Eu havia exposto a casa de seu cliente, seus cômodos privativos, à visão pública. Tinha aberto uma fenda profunda na sua confiança.

Mas aquela "casa" não se tornara agora ficção, não estava incrustada numa obra de ficção? Não seria lida como ficção por todos, à exceção dos muito poucos que sabiam de sua existência real? Lancei mão de todos esses argumentos na resposta que lhe dei. Também pedi desculpas, com toda a sinceridade. É mais fácil construir casas imaginárias do que amizades reais.

Morei em mais de uma casa projetada por Jack e seria um homem feliz se pudesse não só acordar amanhã como também passar o resto da minha vida numa delas. Fico feliz toda vez que entro numa das suas construções. Isso posto, a noção que ele tem de casa é a de um acampamento. Ele prefere quando não há nenhuma parede, e suas casas são feitas no confronto entre o seu desejo de se abrir às forças da natureza e o desejo de seus clientes de se proteger delas. Lembro de pular da cama às três da manhã para puxar as cordas e baixar as escotilhas enquanto uma tempestade açoitava a casa pelo lado oeste. Jack Ledoux é um marinheiro, o que se manifesta em tudo o que faz.

É um sujeito muito físico, um atleta nato, e entretanto seus ombros começaram a se curvar, uma mudança causada provavelmente por horas passadas, de braços cruzados e a mão no queixo, em pé diante de um quadro ou de um pedaço de terra, a observar a luz rosada do Pacífico incidindo sobre um penhasco de arenito ou a água no fundo da enseada de um manguezal tornando-se cúprea com o cair do sol e a maré baixa. O ato de olhar não transformou apenas o seu corpo alto mas também o seu rosto. Ele tem uma arcada forte, assim como o nariz, mas a face é enrugada e erodida como pedra porosa. Os olhos, por sua vez, são reservados, rasgados, contidos por pálpebras apertadas, mas cada linha desse rosto marcado pela ação do tempo, como as linhas de um campo magnético, convergem para os pólos geminados dos olhos.

Não conheço ninguém que veja como ele. Se eu conseguisse convencê-lo a tornar pública a história de sua luta com a morte, aí sim você experimentaria o Ar e a Água de Sydney. Veria a luz de Broken Bay e a cor do vento assassino.

Bem, ele disse, num tom que não me deixou otimista, não temos por que decidir agora.

Ele disse que estava vindo para a cidade, para visitar uma casa que terminara recentemente para dois clientes, gente de fato maravilhosa, Peter, um par extraordinário. Talvez pudesse me pegar no caminho. Damos uma olhada na casa e depois podemos voltar aqui para Pittwater. Disse que podia me armar uma tela contra os mosquitos para que eu dormisse do lado de fora, no deque, "na trilha do gambá". Podíamos pegar um peixe, ficar conversando com Brigit e eu iria rever as crianças e conhecer o bebê. Eu não disse nada quanto à história, mas nada podia substituí-la.

Está combinado, ele disse, tem uma balsa para Church Point daqui a dez minutos. Vou pegá-la.

Enquanto Jack está pegando a sua balsa em Taylor's Bay,

vou tentar dar uma idéia rápida da topografia de Sydney, que se distingue não apenas pela famosa baía, mas também por três complicadas invasões da Terra pela Água. A baía é a principal e talvez a mais espetacular de todas, mas Broken Bay, trinta quilômetros ao norte, e num grau menor Botany Bay, oito quilômetros ao sul, compartilham de muitos dos encantos topográficos que Trollope exaltou ao escrever sobre a região em 1872: Posso dizer que é encantadora mas não posso pintar o seu encanto. O mar se acumula em várias baías ou enseadas, endentando a terra em torno da cidade e dando milhares de aspectos à água — não à água vasta, uniforme e absoluta, mas à água entrecortada de terra. E você, habitante de Sydney — ainda que seja uma senhora não especialmente forte, mas se possível também não especialmente jovem —, haverá de descobrir dentro de um raio acessível, a menos que tenha sido particularmente infeliz na escolha de sua residência, caminhadas de uma beleza tão encantadora que o deixarão com a impressão de ter sido necessário empacotar todas as suas coisas, viajar por dias e gastar uma soma considerável para encontrá-las.

Hoje Jack Ledoux vai viajar do extremo norte até um ponto no meio do caminho. E embora todos os meus amigos tenham passado a reclamar do tráfego, Jack fará essa viagem do ancoradouro de Church Point até a cidade em não mais do que levaria para atravessar o West Side de Manhattan, de Greenwich Village à Washington Bridge. Vai passar ao longo das águas azuis e estonteantes de Pittwater, pela estrada no fundo do vale de French's Forest. Enquanto isso, folheando *The Third Policeman*, me deparo, à página 67, com mais uma anotação na caligrafia impaciente de Sheridan. COM QUEM ISTO SE PARECE?!!!!, ele escreveu ao lado da seguinte referência ao personagem do comportado De Selby:

De Selby tem algumas coisas interessantes a dizer sobre o assunto casas. Ele vê uma fileira de casas como uma sucessão de males necessários. Atribui o amolecimento da raça humana à sua progressiva predileção por interiores e ao enfraquecimento do gosto pela vida no exterior.

(Jack, eu pensei.)

E isso, por sua vez, é para ele resultado do advento de atividades como a leitura, as partidas de xadrez, a bebida, o casamento e outras coisas do gênero, poucas das quais podem ser conduzidas com satisfação ao ar livre. Em outra passagem, ele define a casa como "um grande caixão", "um viveiro de coelhos" e "uma caixa". É claro que a sua maior objeção era ao confinamento de um teto e quatro paredes.

Gargalhei de como Flann O'Brien, escrevendo num sombrio inverno dublinense, conseguiu prever, de um modo mágico, exato e estranho, a visão arquitetônica que Jack Ledoux teria da vida na Sydney subtropical.

[De Selby] imputou valores terapêuticos um tanto forçados — sobretudo pulmonares — a certas estruturas de sua própria autoria a que dava o nome de "hábitats", desenhos toscos que ainda podem ser vistos nas páginas do *Country Album*. Eram estruturas de dois tipos, "casas" sem telhado e "casas" sem paredes.

E, então, sucedeu-se (como dizem nos boletins de ocorrência) uma forte batida na porta. Fui atender com *The Third Policeman* na mão e não é que dou de cara com... De Selby!

Ah!, exclamou o gênio, batendo no bolso da minha camisa, onde eu imaginava ter escondido com segurança o minigravador. O repórterrr!

Passei o aparelho para a minha mochila, e nada mais foi dito a respeito. E aí estávamos de volta ao Saab úmido e bolorento e vinte minutos depois tínhamos chegado à costa oriental da Austrália, confrontando uma das maravilhas naturais de Sydney, os vertiginosos penhascos de arenito na ponta da New South Head Road.

As muralhas da cidade, disse Jack.

Lá embaixo, agitava-se o grande oceano Pacífico, cujas águas tropicais dão a Sydney a sua luz peculiar, tão diversa da luminosidade oceânica fria da minha infância meridional. Este é um entre uma centena de lugares que o deixarão sem fôlego em Sydney e eu, desorientado apesar da familiaridade, me mantinha num estado permanente de deslumbramento diante do fato de uma metrópole ter sido a tal ponto abençoada.

E, contudo, às nossas costas, do outro lado do asfalto

estreito e tortuoso da Old South Head Road, estava uma marca de Sydney cuja familiaridade costuma não nos deixar vê-la: incrustado nas muralhas do paraíso fica um prédio de apartamentos, pesado, de tijolos vermelhos. Nem era preciso olhar para ele. Dava para sentir a cegueira obtusa na espinha.

Quem poderia ter construído tal coisa? Não é que as pessoas de Sydney não amem a beleza natural de sua cidade. No fundo, temos enlouquecido nossos visitantes há dois séculos, exigindo que também a admirem. Sempre fomos um povo marítimo, uma cidade de marinheiros, nadadores, surfistas. Nossas garagens estão entulhadas de varas de pesca, guarda-sóis, motores de popa, barracas. O fato é que a paixão de Jack pelos acampamentos é típica de uma pessoa de Sydney.

Afinal quem poderia ter posto isto aqui? Teria sido deprimente no Brooklyn ou em Queens, mas aqui parecia criminosamente *insano*.

Imaginei o construtor como um sujeito que não queria ver onde estava. Tinha feito as janelas pequenas de propósito. Não agüentava encarar todos aqueles quilômetros de mar inumano e vazio. Não queria estar ali, nesse penhasco estéril de arenito. No fundo da sua psique, ele era um habitante da cidade de arenito descrita por Watkin Tench, em 1790: Quando receber esta carta, escreveu o jovem capitão, o destino deste assentamento, e de tudo o que contém, estará decidido. Faz mais de dois anos que nos instalamos aqui, e em menos de um mês dentre os três primeiros desde que deixamos a Inglaterra. Tão isolados de qualquer contato com o resto da humanidade estamos que, desde o mês de agosto de 1788, nenhuma notícia recebemos da Europa, e sabemos tanto do bem-estar e da existência de qualquer dos nossos amigos quanto do que acontece na Lua. Somente aqueles que passaram pelo tormento e a aflição de um tal estado podem conceber esse infortúnio... o pavor da fome nos fita nos olhos.

Foi aqui, ou perto daqui, que muitas vidas de Sydney terminaram, com homens e mulheres infelizes que se atiravam do alto do penhasco num lugar conhecido como *the Gap*, "a Garganta". A Garganta ainda os atrai, embora a mídia permaneça em silêncio em vez de propagar o magnetismo que o local exerce sobre a angústia.

Quanto a Jack, nunca se permitiu ser negativo por muito tempo, e embora mostrasse repugnância em relação ao prédio às nossas costas, logo estava elogiando as fileiras de nuvens ao largo do litoral. Me explicou por que as nuvens estavam se acumulando, mas algo ali esfriara minha alma e eu já não prestava atenção.

Se Jack fosse dos que vivem da morte e da desolação, não teria construído uma casa bem ali. Mas ele era um dos adoradores da vida e o que construiu nesse bairro era mais uma máquina extraordinária de vida. Você acha que vou descrevê-la? De jeito nenhum.

O aspecto, mais uma vez, é de acampamento. As paredes se fecham no inverno e se evaporam no verão. Era um espaço inteligente e elegante, e não vou revelar mais nada — bem, talvez só mais uma coisa: o telhado podia levantar-se e inclinar-se como uma asa branca. Ficamos, Jack, o proprietário e eu, admirando a nesga perfeita do céu claro e ultramarino. Meu coração, devo confessar, se encheu mais uma vez de inveja.

O barulho de um helicóptero se aproximando não me incomodou. Afinal, durmo com caminhões de bombeiros e sirenes de polícia passando pela minha casa todas as noites.

Para que os helicópteros?, Jack perguntou.

Alguém caiu na Garganta.

Ele franziu o cenho. Puxa vida. Acontece com freqüência?

O tempo todo, uma ou duas vezes por semana.

Conforme olhávamos para cima, o helicóptero entrou no paralelogramo formado pelo teto levantado e pelas paredes cravadas na terra. E lá ficou, como um invasor escuro numa célula humana.

Puxa vida, disse Jack.

Virou-se para mim, passando a mão grande pela barba por fazer no maxilar. Por que você não liga para Sheridan?

Enquanto eu discava um dos vários números de Sheridan, Jack ficou com os braços cruzados sobre o peito, olhando para o seu céu arruinado.

CAPÍTULO QUATRO

As duas casas em Pittwater permaneceram por muitos anos uma ao lado da outra, ainda que chamar de "casa" a velha morada de Jack seja abusar um pouco da verdade. Havia sido uma casa a certa altura, e de fato mantinha uma sólida lareira de arenito, mas quando Jack a comprou por dois mil dólares australianos e dela tomou posse, a estrutura já não passava de um monte de ruínas no meio das lantanas silvestres. Jack escorou as paredes em dois lados da casa e as cobriu com um telhado de ferro corrugado. Construiu um deque e aqui, num lugar que dominava a vista espetacular do estuário e das escarpas, instalou um ofurô japonês e em seguida o ligou a um pequeno fogareiro que servia não apenas para esquentar a água do banho mas também para prover o fogo para as suas habilidosas e suculentas refeições.

Bem próximo dali, no meio do assoalho, ficava uma privada, tão desconcertante para alguns convidados quanto o hábito familiar dos banhos quentes de banheira, nu, debaixo das estrelas gélidas.

Por esse extraordinário acampamento passavam gambás larápios e kookaburras furtivas, estas de dia, aqueles à noite, e quando vinha agosto e o vento oeste começava a soprar, os projetos cuidadosamente desenhados de Jack alçavam vôo de sua prancheta e eram carregados, planando como águias-pescadoras, acima da vegetação.

Aninhada bem ali ao lado, atrás da parede sem saídas no fundo da casa de Jack, ficava uma estrutura mais convencional, uma casa retangular e cercada de varandas, com uma grande chaminé de arenito no centro. Alison e eu chegamos a dividir aquela casa com Sheridan e Clara. Mas a velha construção não era perfeita. A luz sumia muito cedo, no meio da tarde, e a casa era muito fria no inverno, no entanto tinha aquela esplêndida varanda larga em que grossas glicínias se enroscavam.

Foi a esse lugar que eu voltei com Jack no final daquela tarde, subindo a pé o caminho íngreme por entre os liqui-dâmbares de casca branca. Conforme andava, podia sentir o volume do gravador no meu bolso pressionando o meu peito, mas havia uma pressão ainda maior no meu coração, porque ambas as casas foram violentamente destruídas.

Em janeiro de 1994, quando já estávamos havia quatro anos em Nova York, um incêndio devastou aquela colina, saltando com uma força explosiva por cima da trilha íngreme ao longo da qual Alison e eu tantas vezes caminhávamos depois de um dia de trabalho, e onde ela sugeriu que eu trocasse o nome do personagem "Hermione" por "Lucinda",* uma trilha que levava não por esse inferno medonho de pássaros e árvores em

---

* Menção ao próprio romance *Oscar e Lucinda*. (N.T.)

chamas, mas a um penhasco alto e rochoso onde você podia se sentar ao lado de imensas angóforas com casca de canela, com seus troncos macios como a pele humana, e olhar para toda aquela água azul-celeste debaixo do céu ultramarino, de modo que quando escrevi, naqueles anos, sobre estar apaixonado, essas árvores e essa água faziam parte da linguagem, assim como as pancadas e os estalos da vela de barco esticada e intumescida se enchendo de vento sobre as águas lá embaixo.

Foi aqui que nosso primeiro filho foi concebido, enquanto as pétalas dos jacarandás jaziam sobre o gramado como um monte de jóias negligentemente jogadas fora.

Foi aqui que o fogo roncou como um trem, incinerando a nossa casa, a casa de Jack, cereais do café da manhã, fotos de bebê, varas de pescar, telas contra mosquitos, mangueiras de jardim e toda uma vida de planos de Jack, não apenas casas, mas grandes sonhos para Sydney, um pórtico culminando com uma pista de dança logo acima do Cais Circular, uma idéia para transformar Darling Harbour nos "pulmões" da cidade, uma passagem para o ar fresco e salgado na orla abandonada da Broadway.

Perdoe-me, Senhor, por acrescentar a esta carta, escreveu John Hunter quase duzentos anos antes, que neste verão sofremos de um clima tão excessivamente abafado e seco que do estado mais ressequido da terra cada vento forte deflagrou vastos incêndios, nos quais muita propriedade pública e privada foi destruída. Alguns dos colonos se arruinaram com a perda da totalidade da produção de sua colheita depois de posta em medas e armazenada; outros perderam não apenas as safras, mas suas casas, celeiros e uma parte dos rebanhos, pela forma súbita com que o fogo atingiu e se espalhou por suas terras. Trens de pólvora provavelmente não teriam podido provocar tanta destruição com tamanha rapidez, tais eram a secura e o estado combustível da vegetação, fosse relva ou árvore.

Em janeiro de 1994 a totalidade de Sydney parecia incandescente. A cidade estava rodeada de incêndios, a cinza caía no Central Business District* e não era difícil para os meus amigos imaginar um medonho apocalipse, com os postos de gasolina explodindo e deixando toda a civilização branca em chamas. Foi por volta dessa época que as pessoas passaram a dar atenção a Tim Flannery, que dizia que a paisagem encontrada pelos brancos ao chegar era cuidadosamente cultivada, graças a um regime de queimadas minuciosamente planejado, a prática conhecida como "lavoura dos gravetos de fogo". Comentando a carta de John Hunter, Flannery escreveu: A esta altura [10 de junho de 1797], os eora já passaram por uma década de interferência européia. Os efeitos da doença, das fazendas e dos assentamentos significam que eles não são mais capazes de gerir suas terras pelas queimadas

---

* Centro financeiro e empresarial da cidade. (N.T.)

como fizeram por milênios. Os incêndios assassinos das matas, com seu rugido horripilante e calor inimaginável, estavam se tornando um grave problema.

Quando voltei a Sydney em 2000, toda a questão da lavoura dos gravetos de fogo se tornara particularmente candente. O fogo não estava definindo somente a paisagem mas também o clima político, e acabei tendo de passar por uma experiência um tanto ímpar num restaurante caro de Sydney, com vista para a orla e a ópera, quando dois de meus amigos quase se esmurraram numa discussão sobre o assunto. Foi quando percebi a distância de Nova York.

Mas, por ora, eu caminhava sob a luz ligeiramente melancólica em direção à casa de Jack, evitando olhar para o lugar onde a minha velha casa no passado se erguia.

Não sobrou porra nenhuma, meu chapa, Sheridan tinha me escrito. Nada além da chaminé no meio de um gramado. Não consigo voltar lá.

Também me mantive de costas para a chaminé, embora ao pisar no alto da plataforma sobre a qual Jack havia construído a sua nova casa pudesse sentir a ausência que me pesava entre as omoplatas. Era a minha sina. Passei a vida dando as costas às lembranças penosas.

A casa reconstruída de Jack, erguida segundo os verdadeiros preceitos de De Selby, continuava tendo tantas paredes quanto o modelo anterior. Sua única parede sólida não tinha

portas ou janelas, dando as costas educadamente aos vizinhos. A casa de Jack ficava virada para o estuário e assim, sentado no ofurô escaldante, eu podia ver o mangue e avistar a mais alta das escarpas escurecidas, evitando ao mesmo tempo qualquer lembrança visível — se você descontar as silhuetas das árvores mortas no alto dos penhascos — de tudo o que tinha perecido no incêndio.

Mais tarde, porém, depois de tomar uma garrafa de *shiraz* Dead Arm com Jack e Brigit, me vesti e saí pelo gramado. O vinho e o banho me deixaram meio embriagado e, conforme avançava pela grama espessa e úmida com meus pés descalços e aquecidos, me dei conta de que não estava preparado para a onda de tristeza que me subia pela garganta.

Ali nós havíamos almoçado, na varanda, ao lado da antiga glicínia densa e frágil, cujo breve esplendor anual tinha algo da suavidade e da dor de um *Monte de feno* de Monet, manifestando, no momento de sua maior beleza, a brevidade das nossas vidas. Ali onde uma cobra preta vivera, ao lado dos degraus de arenito. Onde tinha vivido e morrido uma palmeira vietnamita. Ali estavam os restos da caixa-d'água onde uma outra cobra morrera, e também o cuidadoso sistema de terraços que o construtor original, diretor de um asilo psiquiátrico, fizera os internos erguerem, de graça, nos fins de semana.

Jack e Sheridan passaram uma última noite ali, cercados pelo fulgor vermelho dos incêndios por todos os lados. Cozinharam uma última refeição e, às quatro e meia da manhã, quando o fogo venceu a última barreira e se espalhou num grande estrépito pelas coroas dos eucaliptos, eles tomaram o barco a remo de Jack, remaram para dentro da baía e assistiram às casas queimando.

Droga, disse Sheridan. Puta merda. Que droga.

CAPÍTULO CINCO

De todos os ventos que definem esta cidade, o único que eu detesto é o que vem do oeste. É um vento intimidante e estrondoso, que sopra durante todo o mês de agosto e às vezes também em outubro. Em 1984, um desses ventos desceu desabalado pelo rio Parramatta a 160 quilômetros por hora e levou o telhado do meu quarto em Louisa Road. Eu não estava lá para testemunhar as estantes caindo ou as portas corrediças de vidro se estilhaçando em cacos em forma de punhais assassinos sobre minha cama, mas Arthur Griffiths, o vizinho que trabalhava no estaleiro, viu o telhado ser carregado pela rua, ainda com a luminária em estilo vitoriano, cheia de babados, pendurada no centro do teto. Viu o telhado ser arrancado da casa e aterrissar nas águas de Snail's Bay.

Anos depois, Jack Ledoux reconstruiu o quarto. Bolou um sistema de venezianas que podíamos abaixar contra o violento vento oeste, mas, como bom seguidor de De Selby, também removeu todas as barreiras que existiam entre o quarto e o mundo exterior. Todas as venezianas e janelas deslizavam para dentro de forma a serem recolhidas como se não existissem. Os trilhos das esquadrias também eram retráteis, de modo que quando o fiscal da prefeitura já tinha ido embora e o jovem Sam Carey estava protegido debaixo das cobertas, não sobrava mais nenhuma separação física ou visual entre o interior e o exterior.

E os mosquitos? No meio da pergunta eu já estava me questionando se Jack a entenderia. Ele sempre coexistiu tranqüilamente com mosquitos, carrapatos e sanguessugas. (Quinze anos mais tarde, sob a luz de uma lanterna no deque, eu teria a oportunidade de ver o filho de quatro anos de Jack e Brigit atacar corajosamente o próprio prepúcio com uma pinça.)

Bem, disse Jack, seria um crime pôr uma tela contra insetos aqui.

Jack, não estou gastando todo esse dinheiro para ficar todo picado de mosquitos.

Então, ele disse, por que você não conversa com Brigit?

Hoje Brigit já é muito bem-sucedida na profissão, mas na época ainda era a ex-aluna de Jack, absurdamente jovem, muito bonita, e eu a achava meio deslumbrada. Mas, ao tratar da "questão do mosquito", revelou-se uma pessoa muito prática. Fez uma estupenda cortina. Era de seda, de um azul vivo, muito fina, com velcros nos lados e pesos embaixo, e agora, quando penso em Louisa Road, já não me lembro daquele vento temperamental e estrondoso do oeste, mas do suave nordeste, enquanto Alison e eu, deitados na cama, olhávamos para a água entre os jacarandás, e a cortina diáfana da Brigit apenas... respirava.

O quarto era uma abstração civilizada do acampamento de Jack em Pittwater, onde, uma vez removido com segurança o espinho do prepúcio do menino, demos início ao banquete de caranguejos que ele e as crianças foram pegar nas armadilhas.

Você sempre odiou o vento oeste, Jack riu. Já que contou a história da luminária voando pela rua, vou contar a história do vento sul e ficamos quites. Mas acho que devíamos fazer isso no barco e também acho que você precisa saber o que significa pegar um *kingfish*. Nenhum livro sobre Sydney está completo sem um *kingfish*.

Dormi com o gravador debaixo do travesseiro, e o escondi nas calças quando Jack me acordou aos trancos antes do amanhecer. Estava escuro e frio, tínhamos bebido vinho demais na noite anterior e eu o segui pelo caminho escorregadio e molhado de orvalho até o ancoradouro onde ele mantinha o esquife que quase o matara. Era esguio e elegante, e reputadamente instável. Era um barco de trabalho, com o mastro, a vela e as redes e linhas de pesca estendidos no ar escuro e úmido.

Jack puxou o esquife para o píer e eu subi a bordo. Ele me atirou as linhas e as iscas e aí me passou os remos longos e logo eu estava remando através da água perolada rumo ao céu pálido do amanhecer. Pittwater é uma espécie de paraíso com suas pequenas enseadas, angras, mangues e florestas de eucaliptos de troncos cintilantes e prateados que chegam até a água. Não era possível olhar para essa mata sem imaginar o passado.

Os homens pescavam nas pedras, escreveu Vincent Keith Smith, servindo-se de longos arpões com quatro ou mais garras de madeira de lei com pontas farpadas, feitas de ossos afiados de animais ou peixes. Estendidos através de suas canoas com os rostos dentro da água, eles esperavam com paciência... As mulheres pescavam sentadas nas canoas, com linhas de mão feitas de fios torcidos de casca de árvore... elas falavam, cantavam, riam juntas enquanto pescavam, mascando mexilhões e amêijoas que depois cuspiam na água como isca para atrair os peixes.

Cinco minutos depois, a dez metros da costa de arenito, Jack derramou óleo de atum na água e, enquanto esperávamos os três *kingfish* de um verde cintilante que naquele instante abriam caminho pelo promontório rumo à morte, eu finalmente tirei meu gravador do bolso e descobri que a tampa de trás caíra e que uma das duas pilhas estava faltando.

Não ria, seu canalha.

Não havia nenhuma maldade no riso de Jack, mas ao vê-lo enfiar a isca no anzol da linha de mão era óbvio o seu alívio.

Não importa, ele disse, vamos pegar um *kingfish*.

Ele ficou de pé, equilibrando-se com naturalidade, e arremessou uns bons treze metros de linha, até um lugar que — ainda dava para ver — não havia sido completamente atingido pela mancha de óleo de atum.

Você podia falar com Kelvin e com Sheridan. Aqueles dois estão sempre discutindo. Eles terão histórias para contar.

Não estou interessado em discussões. As histórias são apenas uma maneira de mostrar como a cidade está ligada às forças da natureza.

A Terra é uma força da natureza, ele disse, sentando-se na bancada da popa.

Eu sei.

Um arquiteto amigo meu, Peter Myers, escreveu um ensaio maravilhoso chamado *The Three Cities of Sydney* [As três cidades de Sydney]. Na verdade, vai apresentá-lo esta semana na universidade e você *tem* de ouvi-lo. Ele vai ficar feliz de falar com você, eu sei que vai.

Escutei taciturno. Uma palestra universitária não substituía uma luta de vida ou morte com as forças da natureza.

Você sabia que os primeiros colonos não conseguiram achar calcário em Sydney, Jack disse (e eu me lembrei, não pela primeira vez, de que ele havia sido um professor de arquitetura famoso). E eles precisavam de cal para fazer argamassa.

Queimaram conchas, eu disse, resignado. Estou sabendo.

Sim, os primeiros colonos extraíram das *conchas* o *cal* para a argamassa. Mas o que talvez você não saiba é que em 1788, quando os brancos chegaram, havia monturos de conchas de *doze metros de altura* em Bennelong Point.

Onde fica a ópera.

Exatamente, onde fica a ópera. Onde antes ficava o Forte Macquarie. Então, Bennelong Point foi obviamente o local da primeira cidade de Sydney, e você vê como era *antiga*? Houve aqui uma civilização complexa e muito religiosa quando ainda havia neandertais vivos na Europa, antes do final da era glacial e da elevação dos oceanos. Este é o local da civilização mais antiga do planeta, mas é claro que ninguém podia ver isso em 1788. Os condenados canibalizaram a cidade antiga para criar a cidade colonial. De modo que a antiga cidade continua ali, espremida entre os tijolos — terra cozida — que contêm, por sua vez, as impressões digitais dos homens que os fizeram. Doze metros de altura, Peter, você pode imaginar quantas centenas de milhares de banquetes maravilhosos houve aqui?

CAPÍTULO SEIS

Ao mesmo tempo em que eu pescava o primeiro *kingfish* da minha vida, o editor inglês da revista *Granta* estava pondo no prelo a sua edição "Austrália". Em Hanover Yard, em Londres, ele escreveu: A história colonial não tem do que se orgulhar, mas, considerando os aborígines como uma estatística demográfica, é notável a proeminência da vergonha e da intriga no que diz respeito a eles [...] entre os intelectuais australianos.

Ao voltar para a Austrália, fiquei impressionado com a mesma coisa. Parece óbvio e contudo é uma questão não muito fácil de compreender. Se você vê nela simplesmente a culpa de brancos liberais estará tão enganado sobre a paisagem política quanto os europeus estiveram seguros no seu equívoco sobre a paisagem física em 1788.

Quando falei sobre o assunto com Jaime Cousins, da Brooklyn Academy of Music, em Nova York, ela me perguntou quantos aborígines eu realmente conhecia.

Um.

Um?

Havia apenas 700 mil aborígines vivendo neste país quando os brancos desembarcaram aqui pela primeira vez. Hoje são 400 mil (numa população de 18 milhões), mas você pode passar a vida inteira em Sydney sem conhecer um único aborígine. E, no entanto, somos obcecados, sempre fomos obcecados pela população autóctone, mesmo enquanto antecipávamos o seu desaparecimento e os rotulávamos como "perdidos", roubávamos suas terras e suas crianças também.

Tentando achar a medida exata dessa obsessão, fui pesquisar a coleção de selos de Stanley Gibbons na biblioteca pública de Nova York. É certamente nos selos que um país se representa ao mundo, e eu tinha a lembrança, pelo meu álbum de infância, de que os selos australianos estavam cheios de retratos e motivos aborígines.

Na biblioteca, descobri que me lembrava corretamente do retrato de um caçador aborígine no selo de dois *pennies* de 1930. Também tinha uma lembrança perfeita do crocodilo de dois xelins de 1939 e do aborígine de 1946. Mas era só. Aquilo de que eu me lembrava era mesmo só o que havia. Durante os anos que iam da Federação até 1955, não houve nenhuma outra representação de povos autóctones. Havia muitos, muitos George VI, princesa Elizabeth, rainha Elizabeth, capitão Cook, Matthew Flinders; havia duques e duquesas e a Taça Melbourne — resumindo, era o retrato de um canto remoto e inseguro do Império Britânico.

Seria possível pensar, ao olhar para esses selos, que não éramos obcecados, mas esquecidos dos fatos. Os romanos festejavam os bárbaros que eles mantinham acorrentados, mas o mesmo não acontecia com meus ancestrais. Admitindo que a obsessão existe, os selos certamente mostram algo do nosso incômodo.

Como disse Kelvin com tanta paixão, fizemos uma guerra de ocupação, ao mesmo tempo que fingíamos que a terra não era usada, e mal era habitada.

E, contudo, até o mais racista dentre nós tem de admitir o conhecimento íntimo que os aborígines possuem desta terra hostil, e é aí que eles ganham autoridade na nossa imaginação.

Eles sabiam como viver desta terra, e nós não, e continuamos sem saber. Em relatos, um após o outro, os primeiros colonos descreveram a fertilidade do solo. (Vejo-me cercado, escreveu Francis Grosse, por jardins que florescem e dão frutos de todos os tipos.) Isso era uma loucura. O solo era velho, poroso, estéril. Quando avistavam parques, que descreviam repetidamente, estavam vendo o que gostariam de ver, uma miragem dos solos profundos que a era glacial concedera à Europa. Aqui não houve geleiras para triturar as rochas, transformando-as em terra, e se só havia 700 mil pessoas vivendo em todo o continente, era porque isso era o que o continente podia suportar.

O termo El Niño não fazia parte do vocabulário do governador Phillip quando ele desembarcou a sua tripulação heterogênea, mas o quadro meteorológico que o termo define já agia havia milhares de anos e, na época, a terra já estava sujeita, como ainda está agora, a oscilações erráticas do clima, a secas e enchentes. Tanto fazia a forma como eles a pintavam, ou o otimismo com que a descreviam em suas cartas enviadas para casa, isto aqui não era a Europa, nem mesmo a América.

A verdade é que a baía de Sydney só se adequava aos negros, ou somente os negros se adequavam à baía de Sydney. Não precisavam que um navio lhes trouxesse provisões, e se nenhum navio tivesse vindo da Inglaterra nos 50 mil anos seguintes, muitos mais teriam sobrevivido.

Nossos antepassados brancos, ao contrário, foram deixados sem provisões por apenas dois anos, e nesse período perderam suas colheitas e passaram a viver o terror da fome. Essa história tem sido contada com freqüência, e contudo desconfio que não damos o peso verdadeiro ao trauma daqueles anos. O fato de não haver Dia de Ação de Graças na cultura australiana não é um mero acaso.

Vi muita guarda formada, escreveu Watkin Tench, em que os soldados sem sapatos levavam vantagem em relação àqueles em que ainda se preservavam restos de couro.

Também não era menos extravagante, ele prosseguia, uma outra parte da nossa economia doméstica. Se um homem de sorte que caçara a própria refeição com sua arma ou pescara um peixe com caniço nas pedras convidasse um vizinho para jantar, não deixaria de lhe dizer: "Traga o seu próprio pão". Até na mesa do governador esse costume era constantemente observado. Todo homem, ao se sentar, tirava do bolso o próprio pão e punha-o ao lado do prato.

A insuficiência da nossa ração logo reduziu a capacidade da mão-de-obra. Tanto os soldados como os condenados reclamavam de uma falta de forças que os incapacitava de cumprir as tarefas a que estavam acostumados. O expediente das obras públicas foi conseqüentemente reforçado ou, antes, a cada homem foi ordenado trabalhar o tanto que suas forças permitissem...

Enquanto Tench se atormentava, os indígenas comiam gambá e cobra e se banqueteavam com sementes de *bunya*,* e uma imensa variedade de comidas silvestres em que os invasores não ousavam tocar para salvar suas vidas. E também não aprenderam. Um século depois, o explorador Burke morreu de inanição numa paisagem em que saudáveis famílias aborígines prosseguiam no seu dia-a-dia.

Não é romantismo ou idealismo dizer que os povos aborígines criaram a sua religião com base nesta terra e na sua preservação. Suas histórias vêm da terra, estão imbricadas na terra e fornecem instruções detalhadas de como lidar com ela. E, no entanto, sabemos que, mesmo quando essas histórias nos são contadas, delas só retemos um simulacro. É a condição do branco australiano: conhecer a própria terra é como o índex de uma Bíblia que não podemos ler.

---

* Espécie de araucária australiana. (N.T.)

Isso transforma aqueles que *podem* ler as histórias em sacerdotes, o que é insuportavelmente sentimental para os leigos (e para muitos especialistas também), mas ajuda a esclarecer a opinião da *Granta* de que os aborígines estabeleceram "uma versão sem punições do catolicismo; os provedores sagrados da arte, do mistério, do turismo, da identidade e da culpa".

Há uma outra complicação no diálogo imaginado entre Nós e Eles. A Austrália branca continua tendo uma cultura do oprimido, conseqüência direta das experiências do degredo e do exílio. De modo que, mesmo estuprando e matando os negros (o que certamente faziam), os condenados também deixaram para as gerações seguintes um faro aguçado para as injustiças.

A história peculiar de Sydney nos deixou com dois tipos de injustiçados na dinâmica cultural. Quando julgamos o comportamento de nossos antepassados pelos valores deles, ficamos enojados.

E se Jack, Sheridan e Kelvinator levam em conta, a cada passo, onde os aborígines andaram, pescaram, queimaram, não se trata simplesmente de papo romântico ou mesmo de culpa, mas apenas de homens brancos tomando por fim conhecimento do país que eles amam.

CAPÍTULO SETE

O indisciplinado Kelvin arrastou a carta marítima para longe do seu amigo Lester e a levou para a mesa ao lado da piscina. O mapa mostrava a costa leste da Austrália e o traço extraordinariamente caprichado do registro que Lester fez do progresso de seu veleiro pelos mares assassinos da regata Sydney—Hobart de 1998.

Seguimos o rumo, disse Kelvinator.

Não seguimos coisa nenhuma, disse Lester. O rumo, ele me explicou, é a linha direta de Sydney a Hobart, e é por aí que vão os competidores apressadinhos, pelas águas rasas ao longo da costa. Chamam esse trajeto de pula-pedras.

Kelvin examinava a carta marítima com um olhar belicoso. Achei que tivéssemos seguido o rumo, disse. Mas agora deu um passo atrás e deixou o amigo tomar conta do mapa.

Minha nossa, Kelvin, onde é que você estava?

No convés, Kelvin resfolegou, quando era preciso que lá estivesse. Ele abriu uma segunda garrafa de Pinot Noir e encheu as nossas taças.

Lester viera direto do escritório com um terno italiano escuro. Era difícil imaginá-lo em qualquer convés. Pegou a carta marítima por um instante e a prendeu cuidadosamente com o peso de sua taça de vinho transbordante num dos lados, de modo a poder desenrolá-la por inteiro para mim. Seu dedo traçou a rede de numerozinhos que eu sempre via nas cartas sem nunca entendê-los.

Esses números representam braças náuticas, ele disse. Uma braça equivale a quase 1,8 metro. Dá para ver que os líderes da regata de 98 alcançaram a tempestade quando estavam a 90 ou 120 metros da costa, enquanto nós estávamos mais a leste, a 4.500 metros. Foi escolha minha. Eu tinha ido à reunião sobre as condições meteorológicas na véspera do Natal e fiquei inquieto com o que vi.

O anúncio das condições meteorológicas ocorreu numa manhã clara e quente de Sydney, na véspera do Natal. A água em Rushcutters Bay estava lisa como um espelho, Força Zero na escala de Beaufort. O Cruising Yacht Club estava apinhado. Trata-se de uma das regras da regata: o *skipper* e o navegador têm de estar presentes no anúncio das condições meteorológicas que, neste caso, foi feito por um tal de Kenneth Blatt.

O palhaço estava com um chapéu de Papai Noel, Kelvin interrompeu.

É, bem, na hora aquilo não me incomodou, mas depois fiquei bravo.

Não, disse Kelvin, na hora também.

Lester hesitou. Eu estava apreensivo, sim, ele admitiu. É claro que não tinha nenhuma pista do que estava para acontecer, mas havia muito oba-oba de macho para o meu gosto. Ken

Blatt pôs o seu chapéu vermelho com o pompom branco e disse que tinha pesquisado os vários dados climáticos em quatro modelos meteorológicos diferentes e não havia chegado a uma visão coincidente em nenhum deles. Então, o que nos disse, naquele seu jeito engraçadinho, foi... vocês serão atingidos por alguma coisa em algum lugar.

Honestamente, isso é normal em Hobart, disse Kelvin.

Honestamente, disse Lester, quatro veleiros afundaram e seis homens morreram.

Lester e Kelvin e outros oito amigos zarparam de Neutral Bay à uma da tarde no dia 26 de dezembro de 1998. O barco não era deles. Compunham a tripulação do *White Lie 2*, de Gordon Cameron.

Era sábado, um dia perfeito e claro de verão na baía de Sydney e, enquanto o *White Lie 2* singrava as águas rumo às Heads, os dados obtidos em Hobart indicavam um sistema de baixa pressão se agravando a mil quilômetros, no estreito de Bass. Estavam todos no convés, até mesmo Lester, que logo iria se recolher para a mesa de navegação, à qual permaneceria grudado pelas 36 horas seguintes.

Éramos os antepenúltimos ao sairmos das Heads, Kelvin riu. Você dá uma esguichada quando passa pelas Heads. É de praxe.

Ele quer dizer uma vomitada.

Toda vez que eu passava por ali, disse Kelvinator, dava uma esguichada, mas nunca mais depois daquilo.

Nunca dei uma esguichada, disse Lester. Nunca. Mas vi Kelvinator comer metade de um prato de ensopado de carneiro, vomitar tudo, e terminar em seguida a outra metade.

É o único jeito.

É o nervosismo, disse Kelvinator, não enjôo no mar. Em 1998, havia uma ondulação considerável, mas nada que se comparasse ao ano anterior. Só ao cair da noite é que demos com esse tempo AGITADO vindo em linha reta na nossa direção. No meio da noite, cinco dos nossos estão debruçados na pia, vomitando no escuro. Mas é apenas a tensão. Você sabe que tem pelo menos cinqüenta por cento de chance de se arrebentar. Mas está na maior excitação e todos nós, salvo Lester, que desceu para apontar os seus lápis, ficamos no convés. Esse é um grande momento em toda regata. Você deu a sua esguichada e agora está tudo fabuloso. Você esquece que é casado. Esquece que tem de demitir seu gerente de escritório e que suas ações estão descendo pelo esgoto. E bastam três ou quatro horas do lado de fora, quando toca o despertador, para você passar a levar tudo a sério, porque sabe que tem de fazer o barco correr. O vento é de 25 nós. A essa altura, com a gafetope içada, ele avança numa velocidade incrível. É o tipo de vela que faz você vibrar.

Quando deu oito horas, disse Lester, nós já tínhamos viajado 104 quilômetros e devíamos passar a leste de Nowra ainda com vento de popa. Foi quando recebemos o primeiro aviso de tempestade. Ventos de 45 a 50 nós ao sul de Merimbula.

Merimbula, disse Kelvin, é relativamente protegida. E aí você pensa: Puta merda, se está assim em Merimbula, como é que vai estar quando eu der a volta e apontar meu nariz na direção do estreito de Bass? Agora fica claro, nós vamos realmente nos arrebentar, mas o que podemos fazer? Dar meia-volta? Voltar para casa e dizer: Desculpem, mas estava ficando feio? Não, você se mantém firme como um trem nos trilhos. Você não só fica firme, mas se sente comprometido, você INVESTE a toda contra aquilo. E, Peter, honestamente, as condições eram perfeitas. Ao cair da noite já estávamos em Jervis Bay, tínhamos feito 130 quilômetros em apenas oito horas, nada mal para um barco grande e pesado.

Baixamos a gafetope antes do anoitecer, disse Lester.

Outras tripulações talvez pudessem manter a gafetope içada à noite, mas devo dizer, disse Kelvinator, que éramos mais precavidos. Em alguns desses outros barcos, eles treinam o ano inteiro, a tripulação dorme ao relento, na amurada. Mas nós éramos amadores. Não tínhamos participado de muitas regatas à noite, com a gafetope içada.

Se você pega uma seqüência de rajadas de vento pela frente...

A vela se enrola no mastro.

O *Yendys* teve problemas com a gafetope naquela noite. Tiveram de baixá-la a uma velocidade de 38 nós.

É, ela foi perfurada, se enrolou nela mesma. Os caras eram profissionais, mas perderam o remador de proa, que caiu no mar sem colete salva-vidas.

Ele não estava preso aos cabos. Ele...

Foi varrido para fora do barco por uma grande onda e depois uma outra o despejou de volta no convés.

Eis aí um cara de sorte.

Um puta de um sortudo.

Naquela primeira noite no mar, enquanto o *White Lie 2* descia a costa aos trancos e barrancos, a tripulação se revezava em turnos, mas, agora que sabia da tempestade pela frente, Lester não deixava mais a mesa de navegação. Deve ter sido um dos poucos na regata a manter o rádio ligado o tempo todo.

Sou obcecado pelo controle, disse Lester com orgulho, balançando a cabeça como sempre faz quando fala de si.

A coisa de que não gosto ao velejar, disse Kelvin, é entrar noite adentro. Entrar pela noite com uma tempestade a caminho é realmente de revirar o estômago, porque se for para morrer, é melhor morrer de dia. Tem um monte de barulhos à noite, coisas estalando, e a maioria tem a ver com o estresse, com as velas içadas...

Num veleiro pequeno você pode se machucar, mas num grande você morre. Há cabos que podem se romper, distribuindo chibatadas, mastros de gafetope que podem atravessá-lo bem no meio do peito...

Enquanto o *White Lie 2* levava os meus amigos noite de sábado adentro e pelas primeiras horas da manhã de domingo, uma massa de ar frio no estreito de Bass se intensificava, agravando-se num sistema de baixa pressão. No começo, esse sistema estava indo para leste, mas aí diminuiu a velocidade e se separou dos ventos mais altos que poderiam tê-lo mandado embora com segurança.

Às três da manhã transmitiram um relatório, disse Lester. Isso significa que o navegador ou navegadora de cada veleiro comunica a sua posição aos demais, e lhes dá uma previsão do tempo. Há dois relatórios por dia e levam uma hora ou mais para ser transmitidos a todos os barcos.

Se a previsão do tempo tivesse sido um peixe, disse Kelvin, você saberia o suficiente para não comê-lo nunca.

Bem, àquela altura nós não sabíamos, disse Lester, mas a previsão que nos passaram às três da manhã tinha sido feita às nove da noite anterior. O que se formava à nossa frente era na verdade um ciclone.

Não chamam isso de ciclone nestas águas.

Chamam de uma porra de uma tempestade.

Às quatro da manhã do segundo dia, enquanto passávamos ao largo de Narooma e da ilha de Montague, nevava em Victoria. Em pleno verão. Não fazíamos idéia.

A essa altura, os que estavam na frente começavam a pegar o mau tempo a oés-sudoeste. Ainda não sabiam da extensão da coisa, mas nós estávamos ao abrigo do continente.

Lá pelo meio da manhã, o sistema de baixa pressão começou a passar bem em cima do percurso da regata e o mar e os ventos aterrorizantes atingiram as águas rasas do estreito de Bass. O que você tinha ali era um remoinho de ar frio em colisão com a corrente quente da Costa Leste. E isso é horrendo — as ondas se chocam e açoitam o estreito de Bass até você ter a impressão exata de estar dentro de uma máquina de lavar no inferno.

Eu só tinha estado no estreito de Bass uma vez, disse Lester, num naviozinho de cruzeiro, o *QE2*, em 1986. E pegamos uma tempestade com Força 10. O *QE2* teve de reduzir de 30 nós para 25 e eu pensei comigo... Merda. Você *não* gostaria de estar num veleiro num negócio desses. Saí para a amurada da ponte com uma calça leve de algodão e o vento batia com tanta força que arrancou a costura das bainhas, fazendo com que caíssem. Era um horror da porra, mas o vento para o qual nos dirigíamos era ainda pior. Força 11.

Logo depois do almoço, disse Lester, eu estou na mesa de navegação quando ouço um comunicado do *Rager*, dizendo que eles estavam pegando 50 a 60 nós com rajadas de até 72.

E de repente começou a merda por todos os lados, o *Team Jaguar* perdeu o mastro...

E aí uma corda solta se enroscou na hélice do motor deles. Deus!

O nosso rádio começou a enlouquecer, disse Lester. As notícias eram devastadoras.

Estava na hora de correr as escotilhas, disse Kelvin, de dar uma geral no barco para ver o que podia cair das prateleiras. Cobrimos os quartéis das escotilhas com tábuas de barlavento. No auge de uma tempestade, você não pode deixar nenhuma passagem de ar para baixo, porque também não pode deixar entrar nenhuma água. De modo que lá embaixo fica escuro e quente. Você não pode acender as luzes para não gastar combustível. É um VERDADEIRO suadouro. Você está com as roupas de baixo térmicas de que vai precisar ao sair. É insuportavelmente quente.

Todo o ambiente fica fedido.

Como a maioria dos veleiros, o *White Lie 2* não é exatamente à prova d'água, de modo que a água que lava o convés também escoa para baixo. Com a mudança dos ventos, tudo ficou molhado na maior rapidez. O lugar mais seguro e seco para encostar a cabeça era nas suas próprias mãos.

O relatório das duas horas foi transmitido por cerca de uma hora e meia. E escute só a previsão: Uma zona de baixa pressão com centro a leste da ilha de Flinders avança para léssueste. A oeste, avança de oeste para oés-sudoeste a uma velocidade de 25 a 30 nós (com rajadas ainda mais fortes), aumentando para entre 30 e 40 nós em alto-mar e entre 40 e 50 nós próximo à costa de Victoria. Ondulações entre um e dois metros, aumentando para três. E ondas entre dois e três metros, aumentando para quatro e cinco.

Nós nos mantínhamos ao largo de Merimbula e já enfrentávamos mares daquele jeito. Enquanto transmitiam esse relatório, o *Standaside*, um dos líderes da regata, submerge e rola dentro de uma onda de trinta metros. Um dos rapazes é carregado, aspirado, projetado como uma porra de uma bala de canhão para dentro d'água.

Lembro do *Sword of Orion*, depois de relatarem a sua posição, eles disseram: Não sabemos de onde veio essa previsão. Estamos pegando 70 e 80 nós por aqui.

Quando você está na mesa de navegação, fica concentrado no trabalho, mas ao mesmo tempo esse horror começou a ecoar pelo rádio. Sinais de socorro, mastros quebrados, barcos virando, despencando do alto das ondas. Como era ficar fechado debaixo do convés enquanto tudo isso acontecia lá fora? É assustador, porque você não sabe realmente o que está se passando lá em cima. O barco faz uns barulhos espantosos. É como estar dentro de uma lata vazia com um lunático batendo nela com um bastão de críquete. Não dá para se controlar.

Às quatro horas, mudamos o rumo, dirigindo-nos para sudeste, para águas ainda mais profundas.

Logo o céu ficou muito branco, disse Kelvin, as gáveas golpeavam as ondas e o ar estava tomado de uma espuma que nos atingia horizontalmente, com tanta força que machucava, como granizo. Estávamos com capuzes à prova d'água, mas quando confrontávamos o mar o vento era tão forte que os arrancava.

Não sei o tamanho das ondas. Não chegavam a trinta metros, mas eram grandes e vinham de todas as direções. E a espuma era escura, meio cinza, e a água tinha uma estranha oleosidade, como se tivesse sido emulsificada. Era muito pouco natural e contudo você estava no meio daquilo, e cheio de adrenalina, e na verdade sem muito medo.

Depois, eu teria a chance de observar Lester trabalhando num veleiro ao largo de Sydney. E aprendi coisas sobre o caráter dele de que nunca havia desconfiado ao longo dos trinta anos que nos conhecemos. No mundo dos negócios, faltava-lhe o instinto do matador, mas confrontado com um violento vento sul era rápido e preciso, calmo e disciplinado. Eis aí um sujeito que você gostaria de ter ao seu lado numa guerra.

Você não pode deixar o medo tomar conta de você, disse Lester, porque tem um trabalho a fazer e só ele pode tirá-lo dali.

TRABÁIO, TRABÁIO. Um idiota cantava no rádio. Tinha aquele sotaque inglês de Kenneth Williams. TRABÁIO. Falava como se estivesse atrás do balcão de uma loja de balas.

Cala a boca, idiota, disse Lester. Trabáio.

Nós tínhamos uma puta carga de comida, um monte de comida da mulher de Sheridan, Clara, ela é uma *chef*, como você deve saber. Tínhamos um puta de um *confit* de pato e mais Deus sabe lá o quê, mas não podíamos tocar em nada, não podíamos nem chegar perto. Naquele tipo de tempestade, cada movimento é um exercício de calistenia...

Fica difícil até mesmo se sentar à mesa de navegação, porque você é arremessado na cadeira de um lado para o outro.

Olhei de novo para a carta de navegação e admirei as anotações precisas de Lester sobre as horas e posições do veleiro. A única indicação de ansiedade aparecia no trecho em que ele havia passado a anotar a posição do *White Lie 2* a cada trinta minutos em vez de a cada hora.

O relatório das três horas terminou por volta de quinze para as cinco. Àquela altura, estávamos bem ao sul do cabo Howe, que fica quase no estreito de Bass. Ali, todo o sistema começava a girar, de ponta a ponta. Continuávamos seguindo para Hobart, mas 28 barcos haviam abandonado a regata e, embora coubesse ao capitão decidir o que devíamos fazer, tínhamos as nossas próprias opiniões, que compartilhávamos a dois ou a três. Dois grupos começaram a se delinear, os Desistentes e os Loucos.

O problema de voltar, disse Kelvin, é que pode ser mais perigoso do que prosseguir. É mais fácil manter o controle do seu barco se você não se puser de través em relação ao vento e às correntes. As pessoas morrem ao voltarem para Eden...

Esse lugar, bem ao largo da ilha de Gabo, é célebre pelo mau tempo.

Célebre pelos naufrágios.

Houve uma enorme perda de vidas nestes mares, disse Lester. A primeira vez que Bass virou o cabo com seu baleeiro, ele foi apanhado aqui. Ficou encalhado nove dias. E também, Peter, se você quiser pensar nisso, estas águas podem ter sido responsáveis pelo assentamento de Sydney, porque quando o capitão Cook passou por aqui vindo da Nova Zelândia e, ao apontar o nariz para o estreito de Bass, deu com um desses vendavais, rumou para o norte e descobriu Sydney.

Podia ter descoberto o estreito.

Podia ter descoberto Melbourne, disse Lester. Onde a terra é na verdade bem melhor.

Quando deu cinco horas, desatou-se uma briga tola. Pelo rádio dava para ouvir que as pessoas estavam morrendo. Lew Carter era a voz no barco de ligação, que retransmitia as mensagens. Ele foi um herói. Um sujeito do maior sangue-frio. Ele podia dizer para alguém cujo barco estava afundando: Por favor, dá para esperar enquanto pego essa outra ligação e volto a falar com você assim que puder? Ele nunca perdia a calma.

Eu estava convicto, disse Lester, de que devíamos voltar. Queria sair dali.

Por mim, a gente aguardava um pouco, disse Kelvin. Veja, nós tínhamos abandonado a regata no ano anterior e agora eu achava que desistíamos muito rápido. Daquela outra vez, tivéramos um mar alto, mas também a vela de proa ficou emperrada no próprio trilho. Rasgara-se em frangalhos e não havíamos conseguido baixá-la nem içar uma nova. Dois sujeitos subiram no mastro e ambos disseram que a vela tinha se enroscado na ogiveta do estai grande, e eu nunca teria pensado em duvidar deles. Mas ao voltarmos para Eden, fui até a proa, dei um puxão na vela e, ZUM!, os restos caíram direto no convés.

Você vê, Peter? Há uma margem de manobra quando se tomam essas decisões. O medo é feroz e voltar parece o mais lógico, mas você tem de avançar um pouco mais para sair dele.

Mas aí, um minuto depois, Kelvin já parecia contradizer-se. Lembro, ele disse com ponderação, de quando Gordon, o nosso *skipper*, finalmente pediu a opinião da tripulação. Ele e eu estávamos ambos a postos na vigia e vimos a mesma coisa. Uma baita onda monstruosa nos atingiu. Foi como levar um tapa de Deus. Ou ser atingido por uma pedra. O mar estava nos mostrando do que era capaz e estava disposto a mostrar mais se não estivéssemos convencidos.

Mas Kelvin votou por prosseguir.

Teríamos ficado todos de acordo.

Teríamos achado que estava bem, concordou Lester, se pudéssemos ver em retrospecto. Agora, depois de ter visto o vídeo com as imagens de satélite, acho que de fato teria sido melhor seguir em frente. É provável que tenhamos nos posto em maiores riscos ao dar meia-volta. As ondas vinham por trás em vez de nos pegar pela alheta. Mas aqui estou eu. E pode estar certo de que não me arrependo de nada.

Kelvin disse: Eu não tive medo até descer do barco e ver o mar pela televisão em Eden. Janet entrou no quarto e disse que eu estava de queixo caído. Deus, eu podia ter morrido.

CAPÍTULO OITO

Eu havia ficado em casa, em Nova York, na véspera da comemoração do milênio e às 7h45 daquela manhã de sábado, enquanto minha mulher e meus filhos continuavam dormindo, desci escada abaixo na ponta dos pés para testemunhar a entrada do meu outro lar no ano 2000.

Distraído por um homem que, na rua, eviscerava colericamente o nosso lixo doméstico, quase perdi a hora, mas às oito, pelo horário de Nova York, por fim sintonizei a NBC e vi a Ópera e a Sydney Harbour Bridge. E aí a cidade passou para o século seguinte e a ponte explodiu de repente.

Poucas cidades sobre este globo que gira ostentariam tanto no fim do milênio, e eu, contudo, o expatriado sentimental, fiquei aquém do encanto. Minha emoção de repente esfriou. Já vira aquele truque antes. Os fogos eram muito parecidos com a exibição do nosso bicentenário em 1988, quando a ponte também ficou verde, com filamentos faiscantes. OH WHAT A PARTY, "que festa!", o *Sydney Morning Herald* estampou na época, e era a pura verdade, a cidade inteira ficou mijada. Tivemos uma fraude típica de Sydney e nos desonramos com o nosso completo esquecimento do que realmente acontecera nesta bacia de arenito apenas dois séculos antes.

No calor da comemoração do bicentenário, os 50 mil

anos que precederam a chegada da Primeira Frota de alguma maneira nos escapou. Está certo, trata-se de uma cultura de colonos brancos. Era o esperado, mas isso não explica por que nos esquecemos também dos brancos, ou pelo menos da maioria deles. Em 1988, comemoramos os soldados, mas os homens e mulheres no porão dos navios de certa forma foram solenemente ignorados no meio de toda a agitação. As forças gêmeas da nossa história, os dois vetores cruéis que nos dão forma até hoje, foram esquecidas e o que comemoramos em vez disso foi um passado imperial e burocrático em relação ao qual não temos nenhuma afeição ou ligação.

Doze anos depois, fiquei olhando estarrecido para a ponte em chamas, mas conforme a fumaça se dissipava notei um sinal inesperado. Ligeiramente à esquerda da coluna norte, bem perto do lugar onde o meu intrépido amigo G. havia subido acima do nível dos carros, arrastando-se como uma minhoca numa maçã, *por dentro* da viga oca e modular do arco da ponte, bem ali, uma palavra de um metro de altura, escrita numa chapa incandescente:

Eternidade

Ao ver aquilo, todo o meu mau humor se desanuviou e comecei a sorrir, desvairadamente orgulhoso e feliz com aquela mensagem secreta de casa, ainda mais feliz por ninguém em Nova York, ninguém que não fosse de Sydney, poder nem sequer pensar em decifrar esse código, agora projetado no espaço como uma mensagem de Tralfamador.* Que diabos aquilo podia significar para mim era algo que mais tarde eu tentaria descobrir, mas não consigo nem imaginar o que podia significar para um nova-iorquino.

Uma marca australiana? Algo a ver com o tempo? Algo a ver com o milênio? Algo, talvez, a ver com aqueles 50 mil anos de cultura sobre os quais aquela cidade foi construída? Mas embora 50 mil anos sejam muito tempo, não são uma eternidade, nem a razão para o povo de Sydney amar essa palavra, ou para o artista Martin Sharp ter passado a vida a pintá-la e repintá-la.

Martin é famoso em Sydney e, como a maioria dos pintores, sua reputação é mais local do que internacional. Se você mora em Sydney, sabe que ele é obcecado por um parque de diversões (o Luna Park), um cantor brega e esquisito (Tiny Tim) e uma palavra (Eternidade). Mas se vive em outro lugar, talvez lhe diga alguma coisa saber que Martin Sharp escreveu a letra de "Tales of Brave Ulysses", que um dia entregou a Eric Clapton num pub.

O segredo da Eternidade não pertence a Martin, mas ele

---

* Planeta fictício criado por Kurt Vonnegut em seu romance *Matadouro nº 5*. (N.T.)

tem sido um dos seus guardiães e eu estava decidido a conversar com ele sobre o assunto.

Kelvin gemeu ao ouvir o que eu planejava.

Meu chapa, você está cometendo um grande erro indo falar com todos esses homens. Está ignorando as mulheres. Para quem o escuta, é como se elas não existissem.

Achei isso muito generoso da parte de um sujeito que chama as mulheres da sua companhia de "funcionários com fendas".

Meus romances estão repletos de mulheres, eu respondi.

Mas ninguém lê romances, Peter. O mundo mudou, no caso de você não ter notado.

Todo mundo está lendo *Vogue* e *Elle*?

Você vai quebrar a cara por causa disso, e depois não diga que eu não avisei.

Essa discussão exasperante continuou por mais duas horas até eu poder visitar Martin. Encontrei-o, ao meio-dia, vagando, um pouco trêmulo, pelo seu patrimônio empoeirado, a sua mansão. O seu assistente ainda não havia chegado e ele estava tentando "organizar" um chá. O homem que desenhou as capas dos discos *Wheels of Fire* e *Disraeli Gears*, do Cream, parecia um sexagenário quando o vi, de ressaca, com a barba do seu belo rosto por fazer, e as rugas típicas da pele de um fumante. Mas eu mesmo não sou nenhum garoto e, se notei as rugas, também percebi com inveja que seus cabelos, embora grisalhos, estavam cheios e fortes.

Vi a Eternidade pela primeira vez quando era pequeno, ele me disse, enquanto enrolava o seu segundo cigarro. Saí de casa e me deparei com uma caligrafia de giz na calçada. Ninguém escrevia nada nas ruas naquele tempo. Pensei: O que é *isso*? Não pensei no que significava. Não analisei nada. Só era bonito e misterioso.

Por anos a fio ninguém soube quem escrevia aquela palavra, disse Martin. Ela brotava no meio da noite. Agora sabemos que o nome do escritor era Arthur Stace. Sabemos que era muito baixinho, um metro e sessenta, com o cabelo fino e branco, e que serviu na Primeira Guerra como padioleiro. Mais tarde se tornou o que chamamos de "cacatua", um vigia para as suas irmãs que mantinham um bordel. E depois virou alcoólatra. Nos anos 30, quando entrou numa igreja em Pyrmont, já estava bebendo álcool metileno.

A igreja tinha uma placa oferecendo bolinhos e chá aos pobres.

Bem, Arthur entrou por causa dos bolinhos, mas se viu ajoelhado e acompanhando as rezas. Foi assim que deixou a birita e se "salvou", mas a missão divina da sua vida só lhe seria dada numa outra igreja, o Tabernáculo Batista na Burton Street, em Darlinghurst.

No dia em que Arthur entrou no Tabernáculo, o reverendo John Ridley tinha escolhido Isaías 57, 17 para o seu sermão. Porque assim diz aquele que está nas alturas, em lugar excelso, que habita a eternidade e cujo nome é santo: Eu habito em lugar alto e santo, mas estou junto ao abatido e humilde, a fim de animar o espírito dos humildes, a fim de animar os corações abatidos.

Eternidade, disse o pastor, eu gostaria de gritar a palavra Eternidade pelas ruas de Sydney.

E foi assim, disse Martin. O cérebro de Arthur fez BANG. Ele cambaleou para fora da igreja aos prantos. Na rua, meteu a mão no bolso e deu com um pedaço de giz. Vai saber como o giz foi parar ali dentro. Ele se ajoelhou e escreveu Eternidade na calçada.

Reza a lenda que mal conseguia escrever o próprio nome até aquele momento, mas agora via sua mão dando forma a uma perfeita calcografia. Era prova suficiente. E dali em diante ele iria aonde ouvisse o chamado de Deus. Chegava a escrever a sua mensagem cinqüenta vezes por dia; em Martin Place, em Parramatta, por toda Sydney as pessoas saíam às ruas e se deparavam com a Eternidade. Arthur não gostava das calçadas de concreto, porque o giz não sobressaía tão bem. Seu lugar predileto era Kings Cross, onde as calçadas são pretas.

Na verdade, Deus nem sempre mandava Arthur escrever nas calçadas. Certa vez, por exemplo, Ele o instruiu a escrever Eternidade dentro da campana da sede dos correios, embora, pelo que Martin Sharp me contou, as forças do mal devem ter tentado apagá-la desde então. É claro que ele não tinha permissão. Arthur sempre achava que sua permissão vinha de "uma instância superior".

Não tive nada a ver com aquela palavra aparecendo na ponte, disse Martin, mas eu a mantive viva; acho que você poderia dizer que dei continuidade ao trabalho de Arthur. Falo das pinturas, como você sabe, mas também acabei de fazer uma tapeçaria da Eternidade para a biblioteca de Sydney. Me dá gosto ver o trabalho de Arthur finalmente numa biblioteca. Ele foi o nosso maior escritor. Disse tudo em uma única palavra. É claro que ficaria pasmo de se ver numa biblioteca. E imagine, Peter, imagine o que teria sentido, naquele primeiro dia em Darlinhurst, ao saber que essa calcografia a que milagrosamente dava forma na calçada ficaria famosa não apenas nas ruas de Sydney, mas que seria projetada no espaço e enviada ao redor do mundo.

Fiquei conversando com Martin por um bom tempo, mas não falamos mais de Arthur Stace. De modo que só bem mais tarde naquela noite, insone em cima da garagem de Kelvin, é que tentei entender a atração exercida por essa mensagem, não sobre Martin, cujo fascínio pela palavra parece ao mesmo tempo espiritual e hermético, mas sobre o povo menos místico e mais utilitário de Sydney.

Você pode não ver nenhum enigma nisso. Mas é um mistério — em geral, não gostamos de religião nesta cidade, somos hostis aos operários de Deus, aos fanáticos do puritanismo e aos pilantras de Bíblia na mão. Não podíamos gostar de Arthur porque ele foi "salvo", de jeito nenhum! Gostamos dele porque era uma cacatua do lado de fora do bordel, porque era bêbado, um marginal, um proscrito. Ele era o seu próprio patrão, não era escravo de ninguém nesta terra.

Assim, refletindo com tranqüilidade sobre o que havia de idiossincrático e de muito local na natureza dos nossos sentimentos pela Eternidade, comecei a seguir essa índole de volta às origens até, como alguém que tem o mesmo pesadelo todas as noites, duzentos anos terem desaparecido como areia entre os meus dedos e eu ver Arthur Stace como mais um pobre miserável transportado para Botany Bay.

E o que a Eternidade podia significar num lugar punitivo desses?

Eternidade! Ah, palavra lúgubre e medonha, escreveu James Joyce naquele célebre sermão dos infernos em *Retrato do Artista Quando Jovem*. Eternidade! Que mente humana poderá entendê-la?

Essa é uma assustadora representação do inferno de que tentei escapar, me refugiando num lugar agradável onde pudesse repousar minha cabeça. Normalmente, penso no oceano, mas o oceano australiano não me foi de grande auxílio. Era infinito, implacável, impiedoso, e quebrava contra as escarpas de arenito ao final da Old South Head Road. Pensei em helicópteros, carros se afastando das escarpas perto do British

Council. Porque é claro que o sermão de Joyce está repleto, se não de arenito, pelo menos de areia; ao tentar mensurar a eternidade, ele evoca o horror de uma montanha de areia, com mais de um milhão de quilômetros de altura, alcançando os confins do universo a partir da Terra, e com mais de um milhão de quilômetros de largura.

Eternidade Eternidade Eternidade.

Em Woollahra, às duas da manhã, observando a piscina suja de Kelvinator, fui tomado por um tipo de terror existencial que me exigiu meia garrafa de uísque Laphroaig para ser aplacado.

CAPÍTULO NOVE

Quando vim morar na cidade pela primeira vez, dirigia diariamente desde a Wharf Road até o lado norte de Sydney no meu Jensen Healey. Ia adernando pela ponte, numa velocidade inconseqüente, com a capota abaixada e o cabelo batendo na cara. Entre maio de 1974 e janeiro de 1975, a ponte não passava de uma estrada para mim. Mas de repente, e sem nenhum aviso, ela se tornou uma fonte de terror.

Numa manhã mormacenta de janeiro, saí de carro para o trabalho como de costume. E, naquela noite, senti de repente que não podia cruzar a ponte de volta para casa, embora agora fosse obrigado, pois já estava no meio da pista cercado de caminhões por todos os lados e com todo o enorme peso daquele emaranhado de aço sobre a minha cabeça. Eram sete horas e o fluxo rumo ao sul era rápido e contínuo. E foi quando um pânico estranho tomou conta de mim, me invadindo como uma grande onda de calor, um terror químico injetado diretamente nas veias. Confuso, eu freei, acelerei, fechei os olhos, dirigia num estado de pavor convulsivo, com a certeza de que ia cruzar a pista central e entrar por dentro de um caminhão. Estava no limite do atordoamento, irracionalmente aterrorizado com a idéia de cair na água, mas também com a altura vertiginosa do arco acima de mim.

Quando finalmente peguei a Cahill Expressway, estava num estado deplorável de suor e vergonha, mas sem saber direito o que havia acontecido comigo. Eu certamente não podia imaginar que uma segunda ponte, um espelho minúsculo da primeira, tinha tomado forma dentro do meu cérebro e imediatamente se consolidado para não mais se desfazer, abrindo um caminho fácil e rápido para uma antes inacessível margem de pânico.

A razão dessa ocorrência no fundo não importava, embora fosse da opinião do psicólogo Arthur Fensterheim, de Nova York, de que a raiz e a causa não estivessem, como costuma ser o caso segundo ele, em nada mais profundo do que café em excesso.

Quando, 25 anos depois desse incidente, voltei para casa ao lado daquela equipe de artes marciais, já havia convenientemente esquecido que a ponte era o meu Muro de Berlim e que não a cruzaria ao volante para visitar Jack Ledoux. E ainda assim, na noite em que tomei a minha meia garrafa de Laphroaig, sonhei que escalava a ponte, e que por fim a conquistava.

No meu sonho, eu me atiro sobre a cerca de segurança Cyclone em volta da coluna sul em Dawes Point, assim batizada em homenagem ao tenente Dawes, que tentara aprender a língua (*Por que os negros estão bravos?*). Por um instante, fico agarrado ao arame com os braços e as pernas estirados, e aí escalo a cerca rapidamente até o alto. Como na vida, as luzes de segurança no meu sonho são de quartzo branco. Elas banham as superfícies das colunas da ponte, atraindo uma quantidade incontável de insetos que sobem em nuvens densas no ar quente da noite. Os insetos por sua vez atraem gaivotas que voam em espiral sobre a minha cabeça, com as penas brancas cintilando no escuro. Conforme passo as pernas com habilidade pelo arame farpado e me jogo com leveza para dentro da área cercada, sobre a grama alta e úmida de orvalho, sinto que toda Sydney pode me ver. Mas são três da manhã, a parte de Sydney que obedece às leis dorme profundamente e o final do arco inferior, uma grande viga composta de módulos ocos, me espera e me seduz como uma toca de coelho numa história infantil: saio em disparada de dentro da luz para a segurança do escuro.

Estou dentro do arco inferior da ponte. Posso ficar de pé. Estou rindo, eufórico, mas, como o meu coração também está disparado, espero um pouco para me acalmar, inspirando menos e expirando mais longamente, assim como me ensinou o dr. Fensterheim.

Preciso de uma lanterna e tenho uma em mãos, comprida e pesada, dessas que se encomendam, pelo menos nos Estados Unidos, num daqueles catálogos que contêm instruções de como estrangular e lutar com facas, além de outras artes de utilidade geral.

No final das contas, diz uma voz, trata-se de um objeto útil.

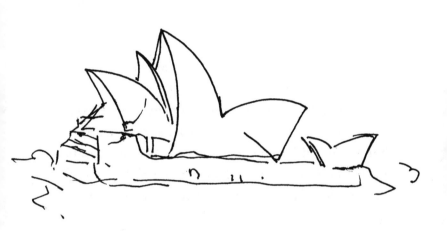

No meu sonho, eu a reconheço imediatamente — é o narrador de *The Third Policeman*, o sujeito que começa assim a sua narrativa: Nem todo mundo sabe como eu matei o velho Phillip Mathers, estraçalhando seu maxilar com a minha pá; mas antes é melhor falar da minha amizade por John Divney, pois foi ele quem primeiro nocauteou o velho Mathers, dando-lhe uma bruta pancada no pescoço com uma bomba de encher pneu de bicicleta especialmente fabricada por ele a partir de uma barra de ferro oca.

Para resumir, um personagem com quem seria de bom senso tomar cuidado.

Respondo a essa observação com uma evasiva qualquer, mas ao mesmo tempo fico sem saber se ele quer dizer que a lanterna é "útil" como uma arma e se está me desafiando a usá-la contra ele. Acendo a lanterna dentro da ponte, como se fizesse o caminho todos os dias. Minha visão é obstruída a três metros da entrada, por uma placa de aço.

Ah, diz o meu companheiro invisível, mas há um grande buraco sujo no meio.

É verdade, e logo estou me arrastando através dele. E aí, o que é que eu encontro? Dois metros à minha frente, há uma outra placa de metal e um outro buraco. Então é assim que vai ser. A minha subida ao vértice passará por uma série de câmaras, caixas de aço cujo tamanho diminui gradualmente. A altura dessas caixas é de cerca de dois metros no começo do meu trajeto, mas logo sou obrigado a me curvar para me adequar à vontade do engenheiro. O objetivo é dar resistência à estrutura, e acaba produzindo claustrofobia também, mas ainda que tudo fique cada vez mais pegajoso e quente, e haja um cheiro de cachorro molhado que me faz lembrar do velho Bertie Booker que lavava os carros na concessionária GM do meu pai, a exigüidade é inesperadamente confortável. Sou o verme na espinha dorsal da ponte. O inimigo que ela não pode ver. Subo por dentro do arco, invisível ao resto do mundo.

Se você acha que vai escapar do terror, diz a voz, então está redondamente enganado.

Viro-me bruscamente para ele e bato a cabeça com tanta força que deixo cair a lanterna. Ao cair no chão, ela faz um estrondo desagradável mas, graças a Deus, não sai rolando pela placa de aço abaixo.

Conforme continuo, a viga vai se estreitando e, embora antes tenha dito que a exigüidade era confortável, agora que vou chegando ao nível da estrada e dos carros e sinto o rugido implacável do tráfego me afogo num coquetel de angústias. A claustrofobia e a vertigem vibram como possibilidades na penumbra da minha consciência. Mas não me dou por vencido. Meu corpo está abalado pelo tráfego, mais nada.

Antes, nunca havia notado inteiramente como os arcos vão se afunilando ao se aproximarem do vértice, mas a ponte é uma estrutura que por muito tempo eu evitei. Nunca soube, por exemplo, que havia sido construída como uma articulação poderosa, ou duas articulações aparafusadas no vértice. Eu certamente não sabia que o próprio Jack Ledoux havia atravessado por essa mesma passagem.

Deixo a estrada lá embaixo e, embora esteja mais quente dentro da viga, também está mais silencioso. Conforme me aproximo do vértice do arco mais baixo, a luz branca da minha lanterna assassina segue bem à minha frente, à procura das duas porcas de borboleta que sei que encontrarei acima da minha cabeça. E ali estão, quatro centímetros de diâmetro, mas cheirando a WD-40 e atarraxadas sem esforço, como se fossem piões.

Ah, o próximo passo vai pôr você à prova, garotão.

Mas eu empurro com facilidade o alçapão de aço para o lado e exponho o meu rosto ávido ao céu aberto.

O ar tem gosto de ostras e eu observo numa espécie de êxtase uma grande fileira de nuvens brancas sendo carregada pelos céus.

Você está pensando em Van Gogh, o narrador arrisca, em *Noite estrelada*.

Admito que sim.

Isto é loucura, ele diz, é a insanidade para você.

Estou agora no vértice do arco inferior e para chegar ao superior tenho de escalar essa escada que está a apenas um metro da minha mão. Num ato de insensatez, trepo na parte plana e larga do arco. Tento não olhar para mais nada além da escada, que foi construída por algum surrealista cruel, ascendendo no meio do vento.

Agora, não posso negar, estou com medo. Digo para mim mesmo que é só um sonho, me agarro aos degraus de sessenta centímetros da escada e ergo meus tênis agora pesando chumbo contra o vento nordeste, subindo por mais três lances até o alto do arco da ponte, e lá descubro que o meu amigo Pânico esteve o tempo todo à minha espera.

É só um sonho, mas agora estou choramingando como uma criança, de olhos fechados, vou me agachando na superfície escorregadia e úmida da ponte. Tento repetir a respiração em forma de J que Arthur Fensterheim me ensinou, mas estou alfinetado como uma borboleta viva se debatendo numa placa de aço.

E ali permaneço, não sei dizer por quanto tempo, até que no meu sonho eu adormeço e sonho, e nesse sonho dentro do sonho astutamente consigo criar o meu próprio espaço. Por meio dessa artimanha, consigo ficar de pé e me esticar, e olhar lá para baixo do alto da ponte, e até a ilhota fortificada de Pinchgut. Mas basta eu me levantar para o personagem do livro de Flann O'Brien começar a me atormentar de novo.

Deus me acuda, o que é aquilo?

Não respondo.

Não se pode mais fazer uma pergunta civilizada? O que é aquilo balançando ao vento lá embaixo? Me responda.

Deve ser Francis Morgan, eu reconheci.

Quem, pelo amor de Deus, é esse tal de Francis Morgan?

O governador Phillip o enforcou e o deixou acorrentado até apodrecer e cair no mar.

E o que é aquele plástico azul?

Estão construindo um restaurante.

Deus do céu, aquele sujeito enforcado vai acabar com o apetite das pessoas.

Olhei incisivamente para o outro lado, primeiro para as Heads, os poderosos incisivos que protegem a baía de Sydney, e depois para as serras ao norte, onde agora posso ver os faróis de um único carro avançando pela Military Road, assim chamada por ser a estrada militar que conduz às baterias ao longo das quais na época da Páscoa, tocando tambores e com bandeiras desfraldadas, perfila-se a guarda garrida da cidade e da colônia.

A guarda garrida da cidade e da colônia. Eis aí uma citação.

Ao dizer isso, ele revela que pode ler o meu pensamento. Vem de *A Traveller's Tale* [Relato de um viajante], confesso. *From Manly to the Hawkesbury*.

Será que aquele sujeito enforcado não está deixando você atordoado?

Mas eu não consigo vê-lo e não estou nem um pouco atordoado. A ponte, ao que parece, foi finalmente conquistada.

Agora Sydney pode realmente ser minha. Já ouso olhar calmamente lá para baixo, para o cais, onde posso ouvir a consolação dos guinchos e dos rangidos das grandes balsas de aço protestando suas amarras.

E ali, num movimento impetuoso sobre e por trás das balsas, uma única motocicleta sai da ponte e desce em curva para a Cahill Expressway.

Lá está o local de nascimento da Austrália moderna, embora você não pudesse saber. A estrada é como um muro de aço, separando a água da terra, trespassando como uma faca o instante do nosso nascimento. Mais ao fundo, no meio de toda aquela arquitetura medíocre, fica o Australia Square e aquele prédio alto, debaixo do qual passa o Tank Stream, o "córrego do reservatório", que foi a teta da nação, onde os nossos antepassados, pais e mães, carcereiros e encarcerados, beberam lado a lado. Hoje, é claro, o Tank Stream está enterrado, um esgoto de arenito cujo acesso exigirá uma semana de telefonemas e onde, no ar fresco e cheio de desinfetante, as baratas fogem diante da luz da sua lanterna.

As nuvens correm sobre minha cabeça, mas estou numa espécie de êxtase em que tudo tem um significado e me sinto submergido pelos sentimentos vertiginosos e arrepiantes que devem atingir os esquizofrênicos quando todos os segredos da eternidade são subitamente postos a nu.

Leia os sinais para mim, exige o meu companheiro.

Olhando para o Central Business District, vejo que os sinais de trânsito começaram a piscar como vaga-lumes na noite de veludo.

Phillip Street, eu arrisco.

E quem foi esse?

O nosso primeiro governador, oficial da marinha.

E Hunter Street?

Em homenagem ao néscio que foi o segundo governador, oficial da marinha.

E King Street? Não é a droga do rei da Inglaterra?

Não. Outro oficial da marinha.

Bligh Street. Esse não é o mesmo canalha que levou a sua pobre tripulação ao motim?

É, o governo da Colônia o nomeou governador. Na verdade, foi indicado por *Sir* Joseph Banks.

Por que homenagear um tirano com um nome de rua?

Oh, nós nos levantamos contra ele, eu disse.

Ah, por fim alguns heróis. É preciso muita coragem para ir contra um canalha desses. Os rebelados foram enforcados? Quais eram os nomes dos mártires? Quais são as ruas deles?

O líder foi um tal capitão John Macarthur.

O incidente foi chamado de Rebelião do Rum.

Macarthur? Não é um nome que eu vejo. Há um monte de puxa-sacos: Kent, Bathurst, Goulburn, Sussex, York, Pitt e George. Mas onde está Macarthur?

Bem, Macarthur é uma figura complicada para a gente. É difícil segui-lo. Ele era um tóri, um conservador.

Mas afinal ele se livrou do canalha do Bligh ou não? Não era um homem de coragem?

Era, muito corajoso, e determinado, mas de jeito nenhum um democrata. Sua idéia de parlamento seria quatro camaradas e ele no comando. Os únicos condenados que lhe interessavam eram aqueles que trabalhavam para ele como escravos. Explorava os outros. Era um oficial da marinha, mas tirava partido dos seus privilégios para ficar rico. Ele e os colegas da marinha controlavam o rum.

Ah, então era um sujeito que não pagava um drinque.

Era um monopólio que os soldados mantinham para si. Era como controlar a grana. Este era um lugar em que um sujeito trabalhava por bebida se não desse a mínima para a chibata. Se ganhasse vinte xelins, era pago com um quartilho de birita.

Espere aí. É esse mesmo Macarthur que é chamado de pai da indústria de lã australiana?

O próprio.

E não foi o negócio da lã que tornou a colônia viável? Vocês não deveriam reconhecer isso de alguma maneira? Pode ter sido um tóri, mas não teve mais valor para vocês do que Kent e Sussex? Vocês não deviam pelo menos ter erguido um monumento a ele?

E aí, no meu sonho, do alto do arco da Sydney Harbour Bridge, eu examinei a cidade lá embaixo e tive uma visão que nunca mais me abandonaria, nem mesmo nas minhas horas de vigília. Dormindo na minha cama em Woollahra, vi o Central Business District como se fosse pela primeira vez. Vi como o centro se reteve em relação à margem da baía tão admirada, como se entendesse a que ponto sempre fora vil e desonesto. Numa sociedade que valoriza a vista acima de tudo, ali estava o coração da cidade, um lugar cego e sem nenhuma vista, um nó denso da construção imobiliária, da política, dos negócios e das leis. Era esse o monumento a Macarthur. A expressão física de dois séculos da própria marca do capitalismo de Sydney, o símbolo concreto de uma aliança doentia e antidemocrática entre os negócios e as autoridades que deveriam tê-los controlado.

Olhando com horror para essa coisa pavorosa que fizemos, ouvi um barulho impiedoso de trituração, uma máquina infernal, algum mecanismo com engrenagens e correntes, triturando muito, muito devagar.

Vamos lá, a voz chamava, você não pode abandonar assim os colegas.

Bem abaixo de mim, ouvi a porta retrátil da garagem de Kelvinator rangendo no próprio eixo. Eram seis da manhã em Woollahra. Hora de dirigir até Bondi Beach e fazer a nossa caminhada matinal.

Tropecei no escuro e, enquanto ouvia Kelvinator dando a partida no motor do seu Jaguar, fiquei muito agradecido por sentir o chão debaixo dos pés.

CAPÍTULO DEZ

Dez minutos depois de ter sido resgatado pelos rangidos da porta daquela visão satânica do centro de Sydney, estava andando com Lester e Kelvinator e o louco do seu cão pastor castanho pelas areias firmes de Bondi Beach. Qual praia metropolitana em todo o mundo pode se igualar a esta? O Rio? Nunca estive lá. Veneza? Santa Monica? Não me faça rir. Esta é a maior alegria de Sydney, que você possa ter isto, os penhascos amarelos ao redor, a rebentação longa e curta, a textura do Pacífico como um Cadillac polido, aquele suntuoso azul-piscina com pitadas de rosa aparecendo na espuma das ondas que se quebram.

É isso que os meus amigos de Sydney faziam todas as manhãs. Nunca foram cegos em relação a si mesmos, mas não paravam de caçoar, encher o saco e tirar sarro uns dos outros. Naquela manhã específica, resolveram se mostrar escandalizados com o fato de eu ainda não ter conseguido arrancar a história de Jack Ledoux.

Meu Deus, *nós* lhe demos, disse Lester, com a voz se alçando naquele tom de reclamação e autogozação que lhe era tão característico. Nós lhe demos nossa história, mocinha.

Nós lhe demos de bandeja a porra da tempestade do século.

Kelvin e Lester vinham fazendo essas caminhadas havia tanto tempo que acabaram como um par de cacatuas aceleradas, com suas passadas enérgicas pontuadas por padrões familia-res de ação e reação. Pedante, pe-dan-te, a porra é boa demais para ele. Trabáia, trabáia.

Que tipo de repórter é você afinal? Mete o pé na porta dele.

Na porta dele?

Põe a porra do pé entre a porta e o batente e se recuse a ir embora até ele concordar em contar a história.

Jack não tem porta. E de qualquer jeito nunca o vi fazer algo que não quisesse.

E eu nunca vi você *não* fazer algo que quisesse. Vai. Pega o carro. Por que você nunca usa o meu carro? Ele fede ou o quê?

Podia ter dito a Kelvin que tinha ataques de pânico na ponte, mas em vez disso mudei de assunto para algo mais apropriado — minha fantasia de que Alison e eu venderíamos o apartamento de Nova York e voltaríamos a viver aqui.

De fato, eu não podia atravessar a ponte de carro. Tudo o que queria era trazer os nossos filhos para Bondi Beach, ter um cachorro, comer ostras de novo no Hugo's da Campbell Parade. Queria que todos sentíssemos o que é viver numa cidade com uma pressão populacional reduzida.

O que você quer na realidade, disse Kelvinator, é algo a duas ou três ruas daqui.

O vento nordeste agitava agradavelmente as nossas cami-sas, um vento sedoso e sedutor que, sem ser forte, foi suficiente para dispersar o sonho sobre o emaranhado de poder e corrupção do Central Business District.

Daria para arrumar uma casa com garagem, piscina e quatro quartos?

O dólar australiano vale 56 centavos de dólar.

Com dólares americanos, você botaria pra quebrar, disse Lester.

Em Nova York, enfurnamos uma família de quatro em dois pequenos quartos. Alison e eu trabalhamos em escritórios do tamanho de cabines telefônicas. Em Bondi, sinto o espaço por toda parte, não apenas no luxo da praia e da luminosidade, mas nessa casa imaginada a duas ruas daqui, onde não vou ter de jogar um livro fora para dar lugar a cada novo livro que entra pela porta.

Agora estamos seguindo o pastor castanho de Kelvinator, que cheira, mija e lambe os degraus que sobem até a rua que cruza a Liga dos Veteranos de Guerra de Bondi, uma típica instituição da velha guarda local. Arquitetura de caserna, nenhuma grandeza, nenhum charme, mas uma vista fabulosa do oceano Pacífico espelhado bem na frente. Essa sempre foi a marca de Bondi, a combinação de uma beleza natural imensa com um espírito nada estético, porém democrático. Os ricos ficaram amontoados dentro da baía ou seguiram costa acima, para Palm Beach, mas aqui em Bondi têm de se misturar com a ralé, ou tinham.

Se você está pensando em comprar, diz Kelvinator, arrastando o seu ridículo cachorro excitado para fora da rua e de volta para a calçada, o melhor é agora. Está vendo aquele prédio ali? Packer pagou 2 milhões por um daqueles apartamentos.

Dizem que Packer está tentando comprar o *rissole*, diz Lester. Aqui, um "*rissole*", no caso de você ser do outro lado do oceano, é um tipo de bife de hambúrguer, mas também um babaca ou um clube de veteranos de guerra.*

Se ele quiser, diz Lester, já é dele.

Nós três paramos para olhar a piscina de água salgada abaixo do clube. Embora ela não tivesse nada a ver com a Liga dos Veteranos além de uma ligação geográfica, fazia parte do mesmo espírito. Trata-se de uma piscina pública, uma piscina democrática, grosseira nas bordas, freqüentada por todo tipo de gente, sexagenários cascas-grossas com calções Speedo e caras de batata do inverno passado. Até o cachorro pára de lamber para ver as ondas estourando no muro para em seguida se derramarem em cascata pelos lados, fazendo espuma ao escorrerem pelas pedras embaixo. A força do oceano lhe dá um ar excitante e vagamente perigoso. A impressão não é de todo falsa. Você está vendo aquela pedra enorme bem em frente a Ben Buckler, o promontório ao norte de Bondi Beach? Não

---

* RSL (Returned Serviceman's League, Liga dos Veteranos de Guerra), daí a corruptela sonora "*rissole*", que se aplica também ao termo "*arsehole*", "babaca", em inglês. (N.T.)

estava ali em 14 de julho de 1912. No dia seguinte veio dar na praia como se fosse um pedaço dos destroços de um navio. Pesa 235 toneladas.

Dizem que a piscina tem câncer de concreto. Custaria milhões para ser substituída. Se ninguém a comprar, vai desmoronar dentro do mar.

Este lugar é um instituição de Sydney.

Bem, é mesmo, diz Lester, mas se Kerry Packer a quiser, então será dele.

Mas agora o cachorro seguia em frente e nós atrás dele, caminhando depressa pelo passeio no alto da falésia que vai dar na praia de Tamarama. Será que o Rio de Janeiro é par para isto aqui? Estas altas falésias de arenito? Estas enseadas privativas? O desdobramento infinito de praias se sucedendo ao sul, Tamarama, Bronte, Coogee, tantas que os ricos nem se deram ao trabalho de reivindicar a posse, mas onde os mortos foram alocados em propriedades de frente para o mar. Os mortos no cemitério de Waverley têm a melhor vista do mundo.

Mas este é apenas um dos aspectos distintivos de Sydney, que haja tantos quilômetros de baía, tantos quilômetros de costa, que a especulação pelo espaço seja mínima, a ponto de lugares como o cemitério de Waverley e a Liga dos Veteranos de Bondi poderem sobreviver, se não para sempre, pelo menos por mais tempo do que seria de esperar.

Caminhamos de volta sobre os nossos passos pelas falésias e, ao pisarmos de novo nas areias de Bondi, damos com uma pequena multidão e furgões de jornais televisivos que se aproximam.

É uma manifestação, disse Lester. Vão construir a quadra de vôlei de praia aqui.

Aqui? Vão construí-la aqui? Para as Olimpíadas? Fiquei espantado. Como é que podiam fazer uma coisa dessas aqui, no meio de Bondi?

Se você quiser, pode se unir à manifestação, disse Kelvinator. Olhe só os manifestantes. Deve haver pelo menos uns 28 que concordam com você.

E qual é a sua posição?, perguntei ao meu amigo.

São uns perdedores!, ele deu uma risadinha.

Os atletas ditam as regras, explicou Lester.

Era chocante pensar que uma cidade pudesse ter tão pouca estima por um lugar desses, a ponto de profaná-lo quando era esperado o maior influxo de visitantes.

Não dá para impedir?

Não há a menor chance, disse Kelvinator. Todos aqueles 28 podem se enterrar na areia até os olhos e nenhum vai conseguir mudar a decisão. Os atletas ditam as regras. Está decidido, meu chapa. O acordo está selado.

Eu voltaria a Sydney em outubro. As Olimpíadas tinham por fim acabado, mas todo mundo continuava exultante, ébrio, em êxtase, não se agüentando de felicidade, atletas e não-atletas, na maior excitação pela experiência dos Jogos. Nada mais foi feito em Sydney durante aquelas duas semanas. As pessoas ou iam aos Jogos ou ficavam em casa, assistindo pela TV. Pararam de fazer compras. O comércio teve uma queda de vinte por cento. Os intelectuais que foram ácidos e cínicos em abril mudaram completamente de opinião e até aqueles que sentiram a mesma coisa que eu quanto ao vôlei de praia me diriam: Peter, não foi de todo mau. Agora já passou. A praia voltou ao normal.

Na grande esteira de orgulho que os Jogos deixaram em sua passagem, os meus amigos pareciam inclinados a esquecer os contínuos escândalos que marcaram os anos que precederam as Olimpíadas.

Era de se esperar, disse Lester.

Sim, houve corrupção, Kelvin brincou, mas que deu lucros.

Houve vários episódios desonestos que podiam ser tomados para ilustrar o jeito de fazer negócios em Sydney, mas o mais surpreendente envolveu Kevan Gosper, outrora um célebre atleta e agora vice-presidente do Comitê Olímpico Internacional.

Até esse escândalo específico explodir, toda a Austrália achava que uma menina de quinze anos de Sydney chamada Yianna Souleles seria a segunda corredora a levar a tocha olímpica no seu percurso saindo da Grécia. Ela era uma australiana de origem grega. Era não apenas uma atleta de talento mas também muito bonita. Era perfeita. Ela era a gente, a nova Austrália.

E de repente a velha Austrália mostrou a sua cara, levantando-se das profundezas do Central Business District.

Yianna Souleles foi eliminada.

No lugar dela entraria... a filha de onze anos de Kevan Gosper.

Sophie Gosper, disse o *Sydney Morning Herald*, é um ano mais jovem do que o exigido para correr com a tocha na Austrália, mas foi convidada pelos gregos para participar do seu revezamento de dez dias.

E como é que isso foi acontecer?

O diretor-executivo do Comitê Organizador de Sydney para os Jogos Olímpicos, Sandy Hollway, disse não saber como a decisão fora tomada, mas negou que a família Gosper tivesse furado a fila.

Descreveu a questão como uma tempestade em copo d'água.

O mesmo artigo também relatava que o senhor Gosper já estava sendo investigado pela comissão de ética do COI por ter supostamente desfrutado de hospitalidade excessiva por ocasião da bem-sucedida candidatura de Salt Lake City à sede dos Jogos Olímpicos de Inverno de 2002.

O *Herald* dizia que Gosper negava qualquer envolvimento na decisão de fazer de sua filha a primeira australiana a carregar a tocha no revezamento olímpico.

E ficou por isso mesmo.

Por um momento, Sydney ficou indignada. Gosper nunca sentiu necessidade de se desculpar. Não houve investigação ou punição e, se houve algum distúrbio, este acabou indo embora tão suavemente quanto as areias de Bondi Beach levadas pelas águas.

CAPÍTULO ONZE

Pegue o carro.

Não.

Por que não?

Eu não quero.

Você vai pegar um táxi para ir até a casa de Ledoux? Vai dar uns cinqüenta paus.

Não, vou pegar a balsa até Manly e depois o ônibus.

Vai levar horas, Peter. Por favor, pegue o meu carro.

Kelvin era meu amigo. Devia ter podido confessar a ele o meu problema com a ponte, mas em vez disso eu menti.

É para o livro, eu disse. Quero escrever sobre o centro, sobre a balsa de Manly.

CAPÍTULO DOZE

Há poucas coisas mais agradáveis, sugeriu o governador Phillip, que nunca teve a infelicidade de ver o que eu vi mais tarde naquela manhã ao caminhar pelas sombras do Central Business District, desde a estação da Prefeitura até o Cais Circular, onde pretendia pegar a balsa para Manly. Há poucas coisas mais agradáveis, refletiu o decano branco, sentado no interior de sua casa mal construída, mergulhando a pena de ganso no pote de tinta para escrever: Nada é mais agradável do que a contemplação da ordem e da arrumação útil, nascendo gradualmente do tumulto e da confusão; e talvez essa satisfação não possa ser mais bem desfrutada do que num assentamento de pessoas civilizadas que se fixam numa costa recém-descoberta ou selvagem.

Ele havia denominado "Sydney" esse lugar selvagem, embora os habitantes tenham continuado a chamá-lo "o acampamento" durante vários anos. O Tank Stream corria sob o centro do acampamento. Barracas e cabanas se alinhavam de norte a sul e de leste a oeste, em filas de frente para o passeio público, com os pavilhões dos condenados em longas fileiras ordenadas ali perto. Introduzindo uma distinção de classe que você continua a ver em Sydney 120 anos depois, os condenados e os marinheiros eram chamados *Westies*, relegados a uma área a oeste do Tank Stream, enquanto o governador e seus oficiais tomavam posse da parte leste.

Essa planta de Sydney, registrada num mapa detalhado feito 35 dias após o primeiro desembarque dos brancos, nos mostra uma cidade no seu momento de maior potencialidade. Era, é claro, um acampamento de prisioneiros, de modo que um condenado já havia golpeado um marinheiro com um enxó de cobre e sido sentenciado a cinqüenta chibatadas. Um outro havia cometido um roubo sem importância e fora abandonado, como castigo, na ilha de Pinchgut para ver como apreciava uma dieta de fome a pão e água. Mas nenhum ainda tinha sido esfolado vivo. Ainda não houvera nenhum assassinato. Os eora ainda não tinham sido dizimados pela varíola. Os condenados e os negros ainda não haviam realmente começado a batalha pavorosa que continua até hoje. O Tank Stream ainda não tinha sido maculado pelos porcos. Os soldados e seus prisioneiros ainda não tinham instigado aqueles acordos desonestos que envenenariam o lençol freático da moral por séculos. Os oficiais ainda não estavam comercializando rum ou usando o suprimento disponível de trabalho escravo para transformarem-se em senhores rurais. Nesse momento, enquanto trezentos homens se amontoavam em barracas com suas colheitas já começando a murchar ao sol, o comandante desse pequeno gulag no fundo acalentava a idéia de uma cidade extraordinária. O governador

Arthur Phillip conjurou o nome de "Sydney"; estava obstinado a fazê-la existir.

As linhas foram traçadas, ele escreveu, que distinguem a rua principal de uma futura cidade, que terminará na casa do governador, no quartel-general e na corte criminal. Em algumas partes desse espaço, atualmente se encontram barracas temporárias, mas nenhum prédio permanente será permitido a não ser em conformidade com o plano traçado. Se a cidade precisar crescer no futuro, a forma das outras ruas também está desenhada de modo a assegurar a livre circulação de ar. As ruas principais, de acordo com esse desenho, terão sessenta metros de largura.

É a idéia desses sessenta metros de largura que hoje tira o fôlego de quem, como eu, recém-saído das minhas andanças pela praia de Bondi, deambula pelo centro oportunista e execrado e, ao entrar na sombra do monotrilho, aquela artéria brutal que se desenvolveu para alimentar a multiplicação de células mutantes de Darling Harbour, só pode lamentar o desaparecimento dessa cidade com vistas, embora só Deus saiba por quanto tempo elas foram uma possibilidade, já que bastou uns poucos meses após Phillip ter descrito seu plano-piloto para a grandeza do desenho dar lugar à conveniência do dia-a-dia e uma trilha de terra passar a serpentear dos alojamentos temporários do governador à casa do tenente-comandante, seguindo depois um rumo incoerente até os prédios do hospital, do lado oeste da enseada.

Phillip, que começara sonhando como Christopher Wren,

agora precisava encarar a questão diária de construir abrigos, quaisquer uns, que não desabassem na cabeça de seus moradores. Agora, tinha ficado clara a pobreza das condições desse assentamento. Daniel Defoe fizera um trabalho bem melhor em relação a Robinson Crusoé do que aquele que o Ministério do Interior reservara para Arthur Phillip. Logo o governador teria de escrever a lorde Sydney pedindo melhores machados, pás e enxadas, uma vez que os disponíveis eram da pior qualidade já vista. De todos os seus prisioneiros, apenas catorze eram carpinteiros. Ele tinha 300 mil pregos, mas as árvores eram estranhas e pareciam impróprias aos olhos dos ingleses. As madeiras ou eram muito duras ou empenavam violentamente ao sol. Os aborígines não davam nenhuma pista, ou pelo menos nenhuma que um inglês estivesse preparado a seguir, uma vez que os selvagens viviam em cavernas na orla da baía ou erguiam abrigos temporários com a casca das estranhas árvores coriáceas.

Não havia cal, de maneira que não se podia fazer argamassa. No início, parecia não haver argila adequada para tijolos, mas mesmo quando o barro foi encontrado e os colonos se ocuparam em extrair o cal dos montes de conchas na beira das praias, não havia, em toda aquela frota altamente suprida, um único homem com a efetiva experiência de oleiro.

Estava devaneando sobre essa questão quando fui interrompido pelo intrometido do livro de Flann O'Brien.

Acho que você está errado quanto ao oleiro, ele disse. Não

tem um museu aqui em Sydney que homenageia justamente esse camarada?

Você está pensando em James Bloodsworth?

Eu vi os próprios tijolos que ele fez. Eles os dispuseram como livros raros.

Sim, mas você tocou neles? Eles se esfarelam na sua mão, como bolo. São moles e granulados e pegam fogo ainda em temperaturas baixas.

Um "mestre oleiro e de obras". Cito literalmente.

Não acredito que Bloodsworth fosse um mestre. Foi condenado pelo roubo de um galo de briga e duas galinhas que pertenciam a um padeiro de Surrey.

Preste atenção no padeiro. Está aí o âmago da questão. Argh, pobre velho Bloodsworth. Roubou uma bisnaga, ninguém disse que não.

Espere. Estou tentando mostrar o barro humano de que ele era feito.

Você está se desviando da questão ao atacar o pobre Bloodsworth.

Não estou. Só estou lhe mostrando o material que o governador tinha em mãos para fazer a sua cidade. Por ocasião do julgamento de Bloodsworth, havia duas acusações contra o prisioneiro, por furto e por suspeita de envolvimento em roubos e assaltos com "a notória quadrilha que à época infestava o bairro de Kingston".

Isso é o que dizia a classe dominante.

Diziam mesmo. Dois dos membros da quadrilha foram executados, um outro condenado ao degredo. Mas no caso de Bloodsworth houve, e eu cito, uma petição pelo perdão, assinada por membros das milícias, trabalhadores diaristas e outros de situação bem inferior, além de muitas pessoas desconhecidas em Kingston, mas nem um nome de comerciante respeitável da cidade, à exceção de dois que a mim parecem ter assinado para se ver livres da importunação incessante.

E aonde você está querendo chegar?

Pela força dos seus associados, está claro que ele não era nenhum mestre oleiro, que era tão indicado para fazer tijolos quanto a madeira da árvore do palmito para a construção de casas.

Não foi ele que construiu a primeira sede do governo?

Não foi esse prédio que por pouco não desabou na cabeça do governador Bligh?

Ah, eram tempos difíceis.

Os tempos eram difíceis e fazer tijolos era o pior trabalho na colônia; carregá-los, uma punição extrema. Não havia cavalos ou bois, apenas três carroças, e os doze condenados tinham de puxar sob os arreios três quartos de uma tonelada.

Também faziam telhas mas, independentemente do que diz o manual, nenhum mestre oleiro supervisionava o processo. As telhas eram porosas e, quando ficavam pesadas por causa da água da chuva, os telhados desmoronavam, e assim por diante. Os militares moravam em barracos de taipa. Dois anos depois da primeira grande planta urbana de Phillip, as casas e os prédios públicos em geral se erguiam sem levar em conta nenhum mapa ou planejamento.

E por um período da sua história, ao resultado não parece ter faltado uma certa graça. Não é paralelogrâmico ou retangular, disse Trollope um século depois. É possível perder-se ao caminhar por suas ruas. Embora correndo lado a lado, ocasionalmente elas convergem — e se curvam, cruzam-se para um lado e para o outro, serpenteiam e são intricadas.

Muito do que "Sydney" significa foi determinado pela dificuldade dos primeiros anos sob Phillip, não apenas a planta acidental da cidade, mas também o caráter do povo. É naqueles anos que se deve procurar a explicação para o nosso persistente igualitarismo, nossa complicada relação com a autoridade, nossa crença de que o governo deve tomar conta de nós. O fato de soldados e condenados terem passado fome juntos nos moldou numa espécie de provação de fogo, e nisso — a despeito do signo cruel sob o qual nasceu a cidade — tivemos realmente sorte.

Mas a natureza real do moderno Central Business District, sua curiosa estética oportunista e execrada, se deve mais a forças que não puderam propriamente esticar os músculos antes de o governador Arthur Phillip zarpar de volta para casa.

Phillip deixou para trás uma colônia na qual os trabalhos forçados serviam ao "bem comum", uma economia social com mão de ferro mas paternalista, que o historiador M. H. Ellis curiosamente descreve como "socialista".

Nos dois anos seguintes à sua partida, enquanto esperava o próximo oficial da marinha assumir o posto de governador, a colônia foi administrada por militares, Grose e Johnston. Grose, declarando-se de bom grado sem talento para governar, delegou ao capitão John Macarthur o poder de agir em seu nome. Como conseqüência, quando o governador Hunter por fim chegou em setembro de 1795, deparou-se com uma forma muito particular de capitalismo australiano em atividade.

Seguindo, sem questionar, o conselho de Macarthur, Grose havia premiado seus homens com generosas concessões de terra. Cada oficial, Hunter relatou surpreendido, possuía aproximadamente quarenta hectares de terras cultivadas: Isto é, ele escreveu, com gado e coisas do gênero; o mais pobre de todos vai armazenar entre cem e duzentas libras de trigo e outros grãos este ano.

Mas os soldados não tinham apenas se tornado fazendeiros, viraram mercadores também. A mulher de Macarthur descreve a situação, com júbilo, da seguinte maneira: Os oficiais na colônia e uns outros poucos com posses ou crédito na Inglaterra se juntam e compram as cargas dos navios que atracam neste país vindos de várias partes. Dois ou mais são escolhidos para negociar a carga posta à venda, que em seguida é dividida entre eles, na proporção do montante de suas participações.

O que ela não diz é que essas cargas eram quase sempre de rum e que os militares faziam as vezes de traficantes de drogas, comprando e revendendo álcool aos praças, aos condenados emancipados ou com tempo livre — na realidade, todo mundo que trabalhasse por um ordenado era pago em rum; não aceitavam nenhuma outra forma de pagamento. Em geral, todos concordavam que o rum era um incentivo bem maior ao trabalho do que umas tantas chibatadas.

No início, Hunter declarou essa forma curiosa de empreendimento privado "um grande sucesso", mas menos de três anos depois, imobilizado num conflito com o poderoso Macarthur, já achava necessário explicar a Londres como era que algo como o Rum Corps, o "Regimento do Rum", podia ter surgido. Os oficiais arrendaram o *Britannia*, ele escreveu ao ministro das colônias, uma grande quantidade de bebidas alcoólicas foi importada e o comércio teve início com os colonos e os indivíduos das classes mais baixas, com efeitos que serão sentidos por longo tempo.

E esse homem, Hunter reclamava, esse homem [Macarthur], um advogado tão diligente da ordem e da boa administração, foi um dos comerciantes mais extensivos da colônia. É a esse sistema infeliz, fundado sobre as ruínas de toda a

decência e da ordem civil, que se devem os nossos dispêndios e desgraças.

John Macarthur era feroz e hábil, e podia não ser um sujeito facilmente apreciado, mas Hunter também não era. Eram dois pit bulls no ringue. Macarthur ganhou e Hunter foi chamado de volta. Em seguida, veio o governador King. Era o representante do rei e do parlamento, mas Macarthur era uma versão antiga de Rupert Murdoch ou Kerry Packer. Era ele quem exercia o poder sobre aqueles que aparentemente o detinham.

Quando o governador King não conveio mais a Macarthur, ele fez com que o mandassem de volta para casa.

O governador Bligh substituiu King em 1806, recém-saído de sua desonra no *Bounty*. Pode-se pensar que Bligh estava fragilizado, mas não era o que ele sentia. Como Macarthur, ele não dispunha de muito tempo para ouvir poderes que estavam demasiado longe. Ele era a lei na colônia, assim como tinha sido a lei no seu navio.

O que eu tenho a ver com carneiros, senhor?, ele perguntou a Macarthur, que tentava estabelecer o que viria a se tornar a indústria mais importante da Austrália. O que tenho a ver com o seu gado? O senhor está querendo ter rebanhos de carneiros e gado numa proporção de que nenhum homem jamais ouviu falar? Não, senhor. Ouvi falar dos seus interesses, senhor.

Estaria Bligh errado por se sentir ultrajado por Macarthur, vendo os homens enriquecerem com terra de graça e o trabalho dos condenados, enquanto ele observava, ao mesmo tempo, os prédios públicos desabando sem recursos para os consertos, celeiros sem impermeabilização, as casas da cidade desgraçadamente negligenciadas e o forte e as igrejas em Sydney e Parramatta construídos apenas pela metade?

Ele descreve os oficiais numa ligação tão promíscua de propriedade e comércio com os condenados emancipados, tanto homens como mulheres, que essa influência acabou afetando a justiça pública. Quanto aos praças, tinham segundo ele incorporado o espírito dos condenados.

Ademais, o novo governador descobriu que as pessoas estavam construindo casas onde era proibido. Estavam passando contratos de arrendamento impróprios. Haviam construído, por exemplo, num local que o governador Phillip havia claramente reservado para um parque. Embora agindo com a típica brutalidade truculenta que havia conduzido a tripulação do *Bounty* ao motim e que provocaria um outro na enseada de Sydney, podemos agradecer a Deus que ele fosse assim. Recuperou o grande parque de que hoje desfrutamos. Se não tivesse feito isso, podemos estar certos de que o Regimento do Rum jamais teria arranjado um local substituto.

É claro que na enorme ânsia de vencer, o representante do rei cometeu o erro de ir contra o capitão John Macarthur.

Macarthur tinha o arrendamento de uma terra a leste da nova igreja de St. Philip. Não sei se Bligh tinha razão ao afirmar que essa terra não pertencia ao capitão, mas à igreja. De qualquer jeito, como ele odiava Macarthur, tanto fazia. Assim como outros, Macarthur tinha um contrato de arrendamento, mas que não significava nada para Bligh, que alertava: Já preveni às pessoas que detêm lotes sem construções que devem arcar com os riscos do que vierem a erguer nesses terrenos...

Houve várias etapas, incluindo um caso judicial muito complicado para ser mencionado aqui, que levaram ao desenlace que permitiu a Macarthur escrever a carta que tornaria Bligh passível de ser acusado de traição, o momento em que o governador foi tirado de debaixo da cama, onde tinha ignobilmente se escondido dos rebeldes, mas a sua insistência não de todo irracional no planejamento da cidade não deixou de ter um papel na sua queda.

Pois na sua tentativa de controlar a baderna em que Sydney se transformara, deu argumentos para que seu mais poderoso adversário se unisse à causa do povo, que já estava em pânico, temendo que a terra que pensava ser sua pudesse lhe ser tomada.

No que se conta da chamada Rebelião do Rum é sempre Bligh o malvado, e ainda que não quiséssemos nunca mais outro Bligh, temos de concordar que não houve mais ninguém na nossa história que tenha tido colhões para enfrentar o oportunismo e o compadrio do Regimento do Rum ou dos descendentes espirituais que as leis antidifamação nos proíbem de nomear.

O moderno Central Business District é o seu movimento vivo, o tributo a uma elite que dá pouquíssimo valor ao bem público.

Se não houvesse a Ópera e a baía logo ali ao lado, você poderia pensar que estava num lugar provinciano e insípido, mas Sydney não é insípida e nas bordas do centro, nas pedras de Bennelong Point, você pode ter uma idéia não só do que fomos mas também do que ainda podemos vir a ser.

Nesta manhã ensolarada de abril, foi um grande alívio escapar à frieza do monotrilho, caminhar apressadamente debaixo da sombra grave e sem sentido da Cahill Expressway e sair no cais, no desembarcadouro número quatro, para pegar a balsa para Manly, que zarpava em apenas vinte segundos.

Subindo para o convés superior, me vi num mundo diferente, em que até mesmo a ponte me pareceu um objeto de prazer, com seus dois eixos se encontrando sob a luz vermelha e intermitente de um sinalizador para os aviões.

Num mar de brilhos prateados e tremeluzentes, a balsa arranca ao largo da grande plataforma rosada sobre a qual se ergue a Ópera. Que uma cidade tenha uma obra-prima dessas já é extraordinário, mas que seja na cidade do Regimento do Rum é um milagre.

CAPÍTULO TREZE

Jack Ledoux me prometera que seu amigo Peter Myers me falaria do elemento Terra, e foi por essa única razão que vim à Universidade de Sydney às seis horas de uma tarde chuvosa de outono. Sentei-me num anfiteatro íngreme na Escola de Arquitetura. Quando Peter Myers apareceu, abri obedientemente o meu caderno e tirei a tampa da caneta. Nenhum estudante jamais esteve tão ansioso para ouvir sobre estrumeiras de conchas, cal e a argila dos condenados.

Myers era um homem de barba grisalha, de altura mediana, com uma aparência amigável e um humor seco e moderado. Gostaria que tivesse falado um pouco mais alto e que não se referisse a pessoas presumivelmente famosas pelos primeiros nomes, mas ali ele era, afinal de contas, um arquiteto falando para outros arquitetos e ninguém me convidara para bisbilhotar.

Evitando uma apresentação ordenada ou qualquer coisa que lembrasse uma encenação, ele começou como alguém que retoma uma velha conversa, relembrando sua visita a uma exposição da obra de Alvar Aalto, em Londres, que ele havia achado, bem, muito *mediana*, a ponto de suspeitar que estivesse faltando alguma peça na história do sucesso do arquiteto finlandês. Então, virando-se para um amigo que havia trabalhado com Aalto, ele perguntou se ele tinha olhos azuis.

E o amigo respondeu: Ah, sim, de um azul profundo. Aalto era muito carismático.

CQD, arrematou Peter Myers, então está provado.

O quê?

Ora, a crença de Peter Myers de que se deve confiar na própria intuição, e naquela noite (embora para mim fosse uma grande surpresa) ele falaria de como o júri do concurso para a construção da Ópera de Sydney selecionou o projeto de um dinamarquês, Joern Utzon.

A explicação geralmente aceita é a de que o arquiteto americano Eero Saarinen usou da sua autoridade para EMPURRAR esse projeto ao júri relutante. O que está implícito aqui é a suposição comumente compartilhada de que nunca, nem em um milhão de anos, teríamos selecionado esse prédio sem uma boa ajuda externa.

É essa a definição de Graham Jahn em seu *Sydney Architecture*: Um lugar extraordinário na baía de Sydney, em Bennelong Point, um ambicioso primeiro-ministro (Joe Cahill), um arquiteto americano visitante (Eero Saarinen) e os esboços encapelados de um jovem dinamarquês foram os fatores determinantes na criação de uma das mais importantes construções modernas.

Vincent Smith, em *The Sydney Opera House*, conta a história assim: O projeto vencedor já não tinha entrado na lista dos finalistas quando Saarinen chegou (atrasado) para a decisão.

Quando, escreve Smith, ele viu os desenhos de Joern Utzon — tendo estado no local apenas algumas horas antes —, ficou desvairadamente entusiasmado. Era uma proposta complexa e extraordinária e os outros jurados tinham suas reservas. Mas para cada objeção que faziam, Saarinen tinha uma resposta. Ele os convenceu, embora seja difícil acreditar que tais objeções fossem extremamente fortes. Eles ESTAVAM em busca de um prédio monumental.

Já estava claro que Peter Myers não era do tipo que entra numa discussão diretamente pela porta da frente. Qualquer que fosse a sua tese, ele se aproximava dela *pelas beiradas*, nos contando que tinha estudado em Londres no final dos anos 60 e que participara de manifestações diante do forte de concreto grande e grosseiro que era a embaixada dos Estados Unidos, para acabar nos revelando que Eero Saarinen desenhara aquele prédio.

E aqui estava a sua intuição: que o homem que havia desenhado aquela embaixada medonha não podia *de jeito nenhum*, a despeito do que dissesse, ter defendido o projeto de Utzon para a Ópera.

Eu estava disposto a segui-lo, mas Myers parecia ter perdido o interesse naquela linha de argumentação e agora voltava a Alvar Aalto, acusando-o de ter roubado o projeto de um outro arquiteto. Plisjker? Fisketjon? Minha audição fora destruída pela serra elétrica Stihl e agora eu não podia ouvir o nome do sujeito, por mais que me esforçasse. De qualquer jeito, a questão de Myers estava clara: quando Alvar Aalto construiu seu prédio plagiado, recebeu os melhores comentários, como se os críticos não soubessem que ele o tivesse surrupiado.

Eu temia que Myers tivesse se perdido, mas o subestimei, pois logo nos mostrou que Aalto e Saarinen eram homens análogos. Saarinen era o arquiteto responsável por aquela estrutura flutuante em forma de concha, o terminal da TWA no JFK, que é sempre lembrada como uma prova viva de sua simpatia por Utzon. Mas não. Confiem nas suas intuições, disse Peter Myers. O prédio da TWA em questão não era um projeto original de Saarinen. Antes de voar até Sydney para assumir seu lugar no júri do prédio da Ópera, Saarinen tinha um desenho modernista desajeitado para o terminal da TWA. Depois de Sydney, ele refez o seu projeto.

Em um instante, Myers atribuiria ao arquiteto inglês Leslie Martin o poder da decisão entre os jurados e traçaria um mapa fascinante e quase bizantino, delineando a força artística e política de um homem de gosto e discernimento, muito acostumado a exercer sua influência sem estardalhaços. Mas antes, casualmente, quase que de forma acidental, ele voltou à Terra, ao nos lembrar do sítio em que se ergue a Ópera de Sydney.

Na época do concurso, aquela ponta de arenito era ocupada por um terminal abandonado de bondes, um forte crenulado de uma feiúra monumental, mas em 1788 fora o sítio do primeiro forno de conchas. Havia, segundo Myers, estrumeiras, grandes pilhas de conchas descartadas depois das refeições, e essas estrumeiras chegavam a doze METROS DE ALTURA naquele sítio, uma evidência da antiga ocupação. Ali ficava a primeira cidade de Sydney.

Lembrou-nos de que a cidade do Regimento do Rum e dos condenados era portanto a *segunda* cidade histórica de Sydney e explicou como a segunda cidade morreu quando a Cahill Expressway cortou o cais. A cidade ficou vendada, apenas à espera do fuzilamento.

Com a cidade fisicamente isolada da baía, somente Bennelong Point foi poupada, deixada livre. O concurso para a construção da Ópera era a grande chance de tirar a cidade da mediocridade arrepiante a que havia sido reduzida.

E foi aí que percebi aonde Myers queria chegar. Estava na realidade tratando da grande questão de Sydney. Por que determinação divina nos foi outorgada aquela Ópera? Por que nós? Como era possível?

O primeiro defensor da Ópera de Sydney foi evidentemente Eugene Goossens, o maestro da Orquestra Sinfônica de Sydney, e foi ele quem, já em 1948, identificou aquele lugar como o local perfeito para um centro de artes cênicas. Por anos, conversou, fez política, levantou o assunto em público e em reuniões privadas, e em 1956, com o local escolhido e o concurso já engatilhado, foi preso pela alfândega de Sua Majestade com pornografia na bagagem. Prefigurando como num reflexo distorcido e assombroso de um espelho de parque de diversões o que seria mais tarde a partida definitiva de Utzon, Goossens foi posto para fora de Sydney e da Austrália. Assim como Utzon, ele nunca mais voltou.

Myers agora voltava a sua atenção para os jurados, a esquadrinhá-los à procura do nosso benfeitor.

Lá estava Colin Parkes, arquiteto público da Nova Gales do Sul, filho de *Sir* Henry Parkes, o assim chamado "pai da federação". Sem sombra de dúvida, não fora ele o principal defensor de Utzon.

O professor de arquitetura da Universidade de Sydney era o segundo membro do júri. O professor Ashworth servira com distinção na Segunda Guerra e regressara como tenente-coronel. Foi ele, Peter Myers explicou, quem selecionou Leslie Martin.

Myers projetou então uma transparência que mostrava dois livros, um de Leslie Martin e o outro do professor Ashworth, ambos com o mesmo título: *Flats* [Apartamentos].

E o que queria dizer com aquilo? Que o caráter e os valores de ambos ali estavam claramente contrastados. À esquerda, o monótono mas prático Ashworth. À direita, o designer refinado, o perito Leslie Martin.

Em seguida, Peter Myers projetou a imagem de um terceiro livro: *Circle* [Círculo]. Os autores: Leslie Martin e Naum Gabo.

Afinal, do que é que se tratava? Ora, abra o livro e você vai encontrar obras de Arup, o engenheiro que por fim trabalhou na construção da Ópera de Utzon. E o que isso prova? Prova que Arup conhecia Martin, que foi Martin quem trouxe Arup para o projeto no final, que Martin era a eminência parda do espetáculo.

Utzon, segundo Peter Myers, sempre soube que Leslie Martin era o jurado mais importante. Utzon teria lido o livro de Martin. Teria conhecimento do projeto de Martin para o Royal Festival Hall, em Londres. E agora Myers nos alertava para as fortes semelhanças entre esses dois enormes espaços cênicos, ambos voltados para a água, ambos assentados sobre uma espécie de plataforma.

Lembrou-nos de que os termos do concurso para o projeto da Ópera de Sydney pediam duas salas, uma com capacidade para 3500 espectadores e a outra para 1200. Mostrou uma imagem do Royal Festival Hall e aí, de repente, era como se tivesse se tornado um mágico. Ele rebateu a imagem, de modo a ficar com duas salas idênticas uma ao lado da outra, e o que tínhamos ali?

A Ópera de Sydney no Tâmisa? Não exatamente, mas imagine um homem de gênio começando desse jeito, da mesma forma que Picasso talvez tenha partido de Velázquez, para numa série de etapas arrojadas chegar a algo novo. A imagem do Royal Festival Hall duplicada se assemelhava a dois blocos de pedra confinados, onde a obra-prima logo seria talhada.

É assim que funciona a cultura, asseverou Myers. A Ópera de Sydney é Joern Utzon refazendo o Royal Festival Hall de tal maneira que Martin pudesse entender. Assim, a Ópera é uma carta esotérica do arquiteto ao membro mais poderoso do júri.

Não há a menor dúvida, disse Peter Myers, de que Martin ia decodificar imediatamente o cumprimento, essa tentativa incrivelmente sofisticada, deslumbrante e bem-sucedida de partir da sua própria obra para transformá-la em algo ainda mais maravilhoso. Entre as provas que ele continuava a tirar de dentro das mangas, havia o desenho em perspectiva que Utzon fez da Ópera.

As Condições do Concurso (item nº 7) pediam *um desenho de perspectiva da projeção vertical que o candidato selecionasse como a principal e/ou a da entrada do prédio.* Em vez disso, Utzon decidiu insistir no que tinha feito, enfatizando a duplicação, e audaciosamente apresentou não as duas salas em perspectiva mas o espaço *entre* elas.

Ele realçou a perspectiva com ouro em folhas, disse Peter Myers, o que talvez explique o fato de nenhum dos desenhos ter sido exposto ao público. Podiam considerar que aquele projeto com o ouro em folha quebrava as regras do concurso.

Por fim, foi Saarinen quem fez o desenho em perspectiva da Ópera de Utzon, requerido pelo concurso, e nesse ponto ele foi o herói, pois sem esse item o projeto não poderia ter ganhado.

Bem, ele tinha me convencido, mas Peter Myers não ia sossegar e agora estava compelido a provar que ambos os projetos de Utzon e Martin se relacionavam com um prédio célebre em Copenhague e que cada um deles era, de certa forma, uma conversa, uma carta de amor escrita para outro edifício, invisível a todos menos a eles.

Basta.

Já passava das sete quando, ao surgir ele com o número dois do *Anuário dos Arquitetos* (do qual Leslie Martin era o editor), tive de me levantar, não apenas porque estava desnorteado, mas por estar atrasado para a peça de David Williamson, *The Great Man*, que estreara recentemente sua temporada em Sydney, no Drama Theatre da Ópera, um espaço que nem mesmo estava indicado nas condições originais do concurso e que era um dos sinais de que Utzon tinha arrumado um cliente que não só não fornecia as informações corretas sobre a natureza do local da construção como também mudava de idéia o tempo todo.

Escapuli do anfiteatro para as ruas escuras e chuvosas de City Road, onde — mais um milagre — achei um táxi.

CAPÍTULO CATORZE

Fiquei bastante surpreso com as fortificações do porto de Sydney, escreveu Anthony Trollope. Fortificações que, salvo quando especialmente inspecionadas, passam despercebidas até a um vigilante sagaz, mas a mim, para minha sorte, foi-me especialmente concedido inspecioná-las. Não imaginava que o povo da Nova Gales do Sul fosse nem tão suspeitoso de inimigos, nem de natureza tão belicosa. Encontrei cinco fortalezas separadas, munidas até os dentes, ou na iminência de o serem, com numerosas armas — quatro, cinco, seis em cada ponto: canhões Armstrong ou móveis, canhões de oito toneladas, com seteiras nos muros e abrigos para os atiradores, como se Sydney estivesse para se tornar uma outra Sebastopol. Mostraram-me como todo o porto e a cidade estavam sob o controle das armas. Havia baterias abertas e casamatas, depósitos de balas de canhão e de pólvora, casernas de um lado e trincheiras de outro. Havia uma barreira a ser instalada do outro lado da baía e uma batelada de torpedos prontos para serem submersos e usados em uma ou duas horas. Foi-me explicado que "eles" não poderiam ultrapassar as trincheiras, ou vencer a barreira do outro lado da baía, ou escapar aos torpedos, ou sobreviver por uma hora debaixo do fogo dos canhões [...]. Mas ao ver essas fortificações, fiquei ainda mais impressionado pela graciosidade dos sítios escolhidos. Seria quase desejável tornar-se um atirador apenas para ficar num desses fortes.

Eu estivera com Trollope na cabeça quando a balsa de Manly fez um som estridente de ferro e madeira ao partir do Cais Circular naquela manhã de segunda-feira.

Se pelo menos você tirasse a cabeça dos livros, disse a voz àquela altura já familiar. Olhe à sua volta. Não é uma bela vista?

É, respondi, mas os livros ajudam a ver melhor a paisagem. São eles que mostram que esta cidade foi planejada para a sua defesa. Lá embaixo, à esquerda, onde a ponte enfia as garras nas rochas, ficava o Forte Dawes. E lá, em Bennelong Point, onde se ergue a Ópera, ficava o Forte Macquaire, a coisa mais feia que Greenway jamais projetou. E umas poucas centenas de metros ao norte fica Pinchgut...

Não me fale em Francis Morgan...

... que ficou pendurado nas correntes até cair aos pedaços. O nome verdadeiro de Pinchgut é Forte Denison.

Atrás de Forte Denison ficam as docas da marinha de Garden Island, onde dá para ver aquela grande estrutura de tijolos cor creme, tão típica da arquitetura militar australiana. Esses 20 mil metros quadrados de litoral urbano ainda são controlados pelo Departamento de Defesa.

Na margem norte, bem ao norte de Farm Cove, 20 mil metros quadrados de esplêndidos jardins descem até as falésias de arenito e ali, atrás daquele policial armado, fica a mansão de arenito da Casa do Almirantado. Por muitos anos foi onde morou o almirante britânico que comandava a esquadra imperial na Austrália.

Volta e meia as forças armadas se apossavam das terras mais belas na baía de Sydney. Contando cinco angras além da Casa Kirribilli, você vai dar com aquela grande ponta sarnenta do cabo Bradley. Em 1880, Sydney esperava combater a marinha russa ali. Tínhamos uma fortaleza adequada, canhões potentes, pirâmides de balas de canhão empilhadas em redes. Há fotografias tiradas logo após a visita de Trollope. Mostram três canhoneiros com capacetes brancos, posando com os braços cruzados. Atrás deles, as escarpas amarelas de arenito das Sydney Heads.

Depois do cabo Bradley, a balsa de Manly passa por Chowder Bay e o promontório coberto de mata silvestre do cabo Georges. De acordo com o esplêndido mapa reproduzido à página 25 de *Reflection on a Maritime City — An Appreciation of the Trust Lands on Sydney Harbour* [Reflexões sobre uma cidade marítima — uma apreciação das terras sob a guarda na baía de Sydney], uma embarcação inimiga seguindo a atual rota da balsa, de norte para nordeste em doze braças, estaria passando por uma barreira mortal de tiros. Na margem noroeste, naquela colina coberta de floresta em que cacatuas brancas alçam vôo em turbas estridentes, aquelas mesmas casernas e os depósitos de balas de canhão e pólvora ainda podem ser encontrados, do mesmo jeito que Trollope os viu. Estão em processo de serem devolvidos ao público, junto com vinte hectares de uma faixa litorânea de mata.

O mapa foi feito em 1880 e revisado em 1917. Nele, a bateria de Trollope se encontra baseada num raio em forma de arco defensivo em frente ao porto, uma linha cinza fina interrompida por outros arcos mais grossos que representam primeiro a artilharia, depois holofotes, e outros sinais que não consigo entender. Posso contar onze desses arcos se aglomerando em volta dos cabos, um situado no cabo Georges, outros no cabo Norte e no cabo Sul, outro com o centro exatamente onde Jack Ledoux e eu paramos na New South Head Road para admirar as falésias amarelas sobre o vazio do oceano Pacífico. Naquela hora, cheguei a me debater em busca de uma explicação para as janelinhas daquele bloco medonho de apartamentos — o que podia levar alguém a instalar esse estilo contrário à vida numa paisagem tão espetacular. Mas ao ver o mapa das baterias costeiras, o estilo por fim fez sentido.

Se Sydney era um forte, então não seriam também as casernas parte da nossa tradição arquitetônica? Não teriam aqueles prédios de apartamentos horrorosos na Old South Head Road também uma grande semelhança com as casernas de Chowder Bay, das docas da marinha em Garden Island e de Cockatoo Island? Você não precisa se alistar no exército para admirar a vista.

Agora, disse o meu persistente companheiro, você está gozando da cara de Sydney.

Não, só estou explicando parte dessa arquitetura horrorosa.

Sim, mas no final das contas está querendo dizer que os cidadãos são bichinhas nervosas. "Os russos estão invadindo! Napoleão está chegando!" Você faz com que eles pareçam ridículos. Que interesse Napoleão teria por isto aqui? Pelo amor de Deus! Isso foi muito antes da mania do surfe.

Não estavam errados de jeito nenhum. Quando jovem, Napoleão tentou embarcar como marinheiro no La Perouse. Se houvesse tido êxito, teria chegado a Botany Bay ao mesmo tempo que a Primeira Frota. Sabemos que Napoleão nunca perdeu o interesse em Sydney.

Suponho que a cidade estivesse infestada pelos seus espiões.

Não fique sorrindo feito bobo. Há provas de que havia pelo menos um. François Pèron. Um famoso naturalista. Fez o relato das fortificações de Sydney com riqueza de detalhes. Era invasão que ele tinha em mente.

E suponho que você não vai se abster de citá-lo?

Não, não vou. À direita, na ponta norte da enseada de Sydney, percebe-se a bateria sinalizadora, construída sobre uma rocha de difícil acesso: seis canhões protegidos por uma trincheira de relva cujo fogo cruza com o de outra bateria que eu devo agora mencionar.

De fato ele fala como um espião, confirmei.

Pèron chegou à conclusão de que o porto de Sydney era demasiado fortificado para ser atacado. Mas achava que podiam invadir em Broken Bay.

Me corrija se eu estiver errado, mas o único ataque à baía de Sydney foi dos japoneses em 1944, e isso foi há muito tempo e está totalmente esquecido no clima atual.

Isso não muda nada. Esta baía é um forte. É o que a caracteriza. Dá para constatar em uma fotografia de satélite. Fortificações imensas aparecendo em vermelho vivo das Heads até a enseada de Sydney.

Só as árvores aparecem em vermelho vivo.

Sim, e por duzentos anos aqueles a quem entregamos a defesa da cidade também defenderam 32 hectares no cabo Bradley dos especuladores imobiliários e de seus cupinchas no governo. Também salvaram 46 hectares no cabo Georges e em Chowder Bay. Há ainda 74 hectares no cabo Norte, e outros trinta e tantos no cabo Sul. Eles ainda controlam aquela espécie de estrumeira em várias camadas que é Cockatoo Island. Eles não apenas salvaram preciosos espaços verdes para nós, mas também muito de uma história frágil. Apresento como o meu primeiro elemento de prova a estrada para a fazenda de Bungaree.

Conheço esse nome. Foi o mais famoso de todos os aborígines que já nasceram. Não foi ele que foi a Londres e se encontrou com o rei?

Aquele era o Bennelong. Esse é o Bungaree, que acompanhou Matthew Flinders nas suas grandes viagens de exploração. Também era um dos preferidos do governador Macquaire, que parece ter tido a idéia impertinente de que iria civilizá-lo. Macquaire teimou em assentar Bungaree e sua família numa fazenda à moda européia.

Para você, é uma loucura.

E, de fato, foi. Em 31 de janeiro de 1815, que era o aniversário do governador, Macquaire, sua mulher e um grande grupo de damas e cavalheiros foram levados em barcos a remo pelos dez quilômetros que vão do porto até o cabo Georges, o mesmo local onde mais tarde seriam construídos a bateria, o arsenal e as casernas.

Ali, o governador condecorou Bungaree com um distintivo de colarinho, declarando-o "Chefe da Tribo de Broken Bay" e mostrando-lhe a fazenda onde tinha mandado erguer cabanas para ele e seu povo.

Bungaree deve ter achado que se tratava de uma brincadeira das boas.

O povo de Bungaree começou trabalhando com empenho, mas logo venderam as ferramentas e voltaram ao antigo modo de vida.

Você começou com essa história sob o pretexto de que parte de uma história frágil havia sido salva pela ocupação militar?

Sim, Macquaire construiu uma estrada da praia até a fazenda.

E agora você vai dizer que a estrada continua lá?

Acho que continua. Caminhei pelo asfalto, da base submarina abandonada em Chowder Bay até a mata onde me mostraram um caminho íngreme e coberto de vegetação, com cerca de dois metros de largura.

Que monumento mais tolo e sentimental. Que coisa a ser preservada.

Geoff Bailey, que é chefe do comitê interino de planejamento desses velhos sítios de defesa, não faz nenhuma asserção peremptória, mas não há nenhuma outra boa explicação para a existência da estrada. Começa no melhor local para o desembarque de damas e cavalheiros, tem a largura exata para uma carroça e leva ao lugar onde, ao que parece, ficava a fazenda. O local em si foi aterrado há alguns anos e transformado num campo de esportes.

Você é bobo de dar tanto crédito aos militares.

Sim, mas se lhe fosse permitido visitar Cockatoo Island, você veria que as forças de defesa nos deixam mil vezes mais história do que os especuladores imobiliários.

Como é que é lá? Conte com calma.

Um grande platô de arenito que, sob o efeito da erosão, se estendeu em camadas sucessivas de resíduos orgânicos. Prisões e casernas abandonadas do século XIX ainda ocupam o cume. Descendo para a margem sul, uma central elétrica de corrente contínua, com as paredes cobertas por frascos empilhados de vapor de mercúrio, jaz à espera de seu Frankenstein ou Spielberg. Um grande túnel corta a central pelo meio, de norte a sul, o caminho mais direto para os operários irem de um lado ao outro. Dois imensos diques secos, onde os aprendizes mergulhavam e nadavam nos verões escaldantes de Sydney, jazem abandonados. Cockatoo Island ocupa menos de dois quilômetros quadrados, mas é difícil imaginar um sítio histórico mais completo e complexo. Ali você encontrará as casernas dos condenados adaptadas para abrigos antiaéreos da Segunda Guerra, com paredes de arenito do século XIX encimadas por lajes grosseiras de concreto de um metro de espessura.

Não vejo nenhum respeito pela história nisso.

Sim, o desrespeito é perfeito. Deixe eu lhe dar um outro exemplo. Os primeiros condenados eram postos para trabalhar, abrindo na própria rocha do platô enormes silos de grãos que se afunilavam em forma de gargalos.

Anos depois, quando precisaram de uma nova oficina mecânica, cortaram um grande pedaço de rocha, do platô até o nível do mar. Que aquilo pudesse destruir seis dos silos dos condenados não era, naturalmente, nenhum obstáculo, mas o corte brutal na rocha acabou revelando o silo melhor do que qualquer curador poderia imaginar. Se o visitante se encostar com firmeza na parede de ferro corrugado da oficina mecânica abandonada e proteger os olhos do sol, poderá ver na transversal uma garrafa de três metros e meio de altura talhada desde o alto do platô.

É claro que agora temos de decidir o que fazer com esses sítios que as forças de defesa mantiveram para nós.

Cale a boca.

Não calo. Por acaso eu disse que partes da ilha eram muito bonitas, com alamedas de árvores e chalés e vistas incomparáveis ao resto do mundo?

Cale a boca, pare de falar consigo mesmo. Aquele sujeito de barba está olhando para você.

Meu Deus, é Sheridan, meu amigo.

Nem mais uma palavra para mim.

Enquanto o sujeito trôpego, de barba grisalha, caminhava na minha direção com aquele sorriso torto, a balsa atracou no ancoradouro de Manly com tanta força que ele chegou a cambalear.

Perfeito, ele exclamou enquanto me abraçava, que perfeição do cacete.

CAPÍTULO QUINZE

Olhe, o negócio é o seguinte, disse Sheridan enquanto desembarcávamos em Manly, que era uma vila muito bonitinha em 1888, mas que hoje já tem aquele cheiro tão democrático de molho de tomate por toda parte. O negócio é o seguinte, ele disse, jogando o rolo de corda amarela sobre os ombros largos conforme abríamos caminho pela multidão em volta do sushi bar. Na verdade não vou voltar pra casa agora. Vim pegar o Mercedes e depois vou subir as Blue Mountains.

Você vai escalar?

Não, ele disse, eu não. Por que você veio me ver desse jeito, pô?

Dei de ombros. Não podia lhe dizer que não tinha vindo para vê-lo. Estava ali para ouvir a história de Jack Ledoux.

Você estava tentando evitar a ponte?

Quando foi que lhe contei sobre a ponte?

Sempre penso em Kurt Vonnegut quando você me liga. Como é que vão as coisas? Eu agora sou um bosta, ando com hálito de gás de mostarda e rosas e dei para ficar bêbado e ligar para os velhos amigos no meio da noite. Da última vez que você ligou, disse que viria para as montanhas comigo, ou também já se esqueceu disso?

Estou escrevendo um livro sobre Sydney.

As Blue Mountains fazem parte de Sydney.

Sherry, são 130 quilômetros até Katoomba.

Por Deus, Peter, as montanhas são os muros da prisão de Sydney. Estão ligadas física, geológica e dramaticamente. Não dá para você escrever sobre Sydney e deixar de fora as Blue Mountains. Ele pôs o braço forte à volta dos meus ombros. Nesse abraço, senti o cheiro embolorado de quem andava dormindo em sofás, e me lembrei do que tinha ouvido naquela manhã em Bondi Beach: que Sherry perdera não apenas a mulher mas também o emprego. Escrevera novelas para televisão por vinte anos, mas os produtores agora eram mais jovens e não toleravam suas tiradas contra eles.

Você devia ter ligado ao chegar, ele disse. Fui até o aeroporto, mas me deram a informação errada.

Eu vou, eu disse de repente.

É claro que você vem, pô. Ele me esmagou violentamente contra si mesmo e senti toda a carência e a fragilidade no seu peito largo e poderoso.

Mas antes, ele disse, você tem de encontrar um sujeito incrível. Não dá para escrever um livro sobre Sydney e deixar ele de fora. E aí saiu andando, tão depressa quanto vinha falando, com a cabeça caída, gesticulando com os braços, entusiasmado com o mecânico que mantinha o seu 230S de 33 anos andando. Em 360 metros de calçada ele traçou toda a história da vida do sujeito — tinha um doutorado em Filosofia, perdeu a mulher, virou alcoólatra, sobreviveu por cinco anos catando latas e garrafas vazias, tornou-se um ladrão de carros até se apaixonar por uma loura de surfista com um Mercedes enferrujado, e hoje conserta Mercedes.

Quando conheci Sheridan, ele estava vivendo entre pinguços e durangos nas ruas de Darlinghurst, e depois publicou um livro maravilhoso de fotografias e histórias pessoais. Quando bebia, tinha a tendência a falar desse livro com amargura, como o ápice de sua vida moral.

No final das contas, o mecânico não estava lá. A porta de correr estava abaixada e trancada e o carro de Sheridan estacionado do lado de fora com a chave escondida em algum lugar na bagunça do banco de trás. Se a pintura estava mais fosca que da última vez que o vi, o interior continuava igual — latas de Coca-cola e maços de cigarro pelo chão, o banco de trás tomado por cordas, botas de alpinista, equipamento de camping e uma grande variedade de livros e papéis.

Você vai encontrá-lo uma outra hora, disse Sheridan conforme subíamos lentamente a serra à saída de Manly. Ele sorriu para mim, mostrando os dentões brancos no meio da cara barbuda.

Dane-se. Vamos pela Parramatta Road.

É o caminho mais longo.

E daí? Não dá para escrever sobre Sydney e deixar a Parramatta Road de fora.

Esse foi o meu primeiro alerta de que o entusiasmo por vezes preocupante de Sheridan estava sendo posto a serviço do meu projeto. Além de abrir espaço para mim dentro do carro, ele agora estava mudando seus planos para se adaptar ao que achava ser a natureza da minha investigação.

A Parramatta Road é como a espinha dorsal da cidade, ele disse, foi a estrada mais importante da colônia. Quando não conseguiram fazer nada brotar na enseada de Sydney, acharam terras mais férteis em Parramatta.

Chamava-se Rose Hill.

É isso mesmo, disse Sheridan, levantando as sobrancelhas de prazer. Exatamente. Rose Hill do cacete.

De modo que voltamos para a cidade, pela ponte, o que não me provocava a menor angústia quando não era eu que estava dirigindo, e em meia hora, tendo feito uma parada para comprar a Coca diet que agora ele bebia em quantidades assustadoras, avançamos pela paisagem sem charme e desnaturada da Parramatta Road.

Isto é Sydney, declarou Sheridan, jogando a lata vazia de Coca no banco de trás. A baía é secundária. Ninguém tem dinheiro para morar lá. Parramatta é o centro geográfico de Sydney.

Este não é um passeio bonito, Sherry.

E eu disse que era? O negócio, Pete, é que é histórico.

Histórico? Tudo o que eu podia ver eram estacionamentos e bandeiras de plástico tremulantes e anúncios espalhafa-

tosos com letras sem serifa: PREÇOS COM DESCONTOS ALUCINA-
DOS DO BARRY. Era uma versão menor e mais feia da Rota 17 de
Nova Jersey.

Olhe, gritou Sheridan, posso apostar que você não está
olhando.

Bem, é uma daquelas velhas varandas de telhado de ferro
abaulado, eu disse.

Não, foda-se a varanda, disse Sheridan, ultrapassando com
dificuldade um caminhão que seguia lentamente. Pergunte a si
mesmo por que a estrada mais importante da colônia teria ficado repleta de estacionamentos. Vamos lá, essa é a história da sua
família, Pete. O seu avô não tinha uma estrebaria? A sua família não vendia cavalos? Sim? O seu vovô não passou depois para
o ramo dos táxis e dos Fords modelo T? Bem, foi o que aconteceu com a Parramatta Road. Era aqui que ficavam os estábulos,
onde ficavam os comerciantes de cavalos.

Como é que você sabe disso?

É óbvio. Esta era a única porra de estrada. Levava ao John
Macarthur. Todos os governadores tomavam este caminho
quando vinham prestar seus cumprimentos ao velho capitão
do Regimento do Rum. Quando Bligh quis comunicar a John
Macarthur que estava proibido de construir na sua concessão,
mandou o velho e pobre inspetor-geral a galope por esta estrada. Estes estacionamentos são marcos históricos. Eu poria
uma porra de uma placa de bronze em cada um.

A gente realmente precisava ter vindo até aqui para você poder me dizer isso?

Sim, disse Sheridan, quando por fim saímos da desolação da Parramatta Road e pegamos a rodovia, você tem de entender o que está oculto.

À nossa frente, podíamos ver as Blue Mountains, bem baixas e extraordinariamente azuis com todos aqueles milhões de gotas de óleo de eucalipto refletindo a luz do sol.

Não parecem grande coisa, não é? São como a estrada de Parramatta. Você pode olhar e não ver.

Nunca gostei de subir a serra, eu disse.

Foda-se a subida. Estou tentando educá-lo. Você não sabe nada dessas montanhas, colega, sem querer ofender, exceto talvez pelo fato de ter ficado sentado no Fork'n'View de saco cheio num almoço de domingo, por isso estou tentando, porque gosto de você apesar de ter voltado duas vezes para cá e não ter me ligado em nenhuma delas — já superei isso —, mas estou tentando lhe mostrar como as montanhas são enganosas. Na verdade, estava lendo Darwin faz pouco tempo, e ele esteve aqui, é, a porra do grande Charles Darwin, e dá para ver que o babaca paternalista entendeu tudo errado — pelo menos até finalmente compreender onde estava se metendo. Está aí no banco de trás. Pode pegar. Leia para mim, naquela caixa de papelão com os papéis.

Virei-me para trás e afinal achei o livro debaixo de uma baderna de sacos plásticos.

148

Sheridan, isto aqui parece valioso. É realmente antigo. É um livro. Tem uns post-its marcando as páginas. Leia, Pete, pelo amor de Deus.

Obedeci, lendo as palavras que Sheridan tinha sublinhado grosseiramente com uma esferográfica: De sua altitude absoluta, Darwin escreveu, eu esperava ver uma cadeia de montanhas escarpadas atravessando o país; mas em vez disso, uma mera elevação se apresentava como frente desprezível à planície próxima da costa.

Pare, disse Sheridan, agora pule até onde eu marquei mais adiante. Se você não for acabar essa Coca, pode me dar. Ali, no alto da página, é ali que o Darwin finalmente se dá conta do que tem diante de si. Descendo por um pequeno vale... leia.

Descendo por um pequeno vale e seu riachinho, eu li, uma imensa garganta se abre inesperadamente por entre as árvores que margeiam o caminho, a uma profundidade de talvez uns quinhentos metros. Prosseguindo por mais uns poucos metros, eu li, ficamos à beira de um vasto precipício e lá embaixo vemos uma grande baixada ou goela, já que não sei que outro nome posso dar àquilo, coberta por uma mata densa. O ponto de vista fica situado como se no promontório de uma baía, com a linha das escarpas divergindo para cada um dos lados e desdobrando-se num morro depois do outro, como num litoral escarpado.

Mais adiante eu marquei uma outra coisa.

Bem cedo pela manhã?

Isso aí.

Bem cedo pela manhã, caminhei por cerca de cinco quilômetros até o Salto de Govett: uma vista de aspecto semelhante àquela próxima de Weatherboard, mas talvez ainda mais estupenda. Bem cedo pela manhã, a baixada estava coberta por uma névoa fina e azul que, embora destruísse o efeito geral da vista, reforçava a profundidade aparente por onde se estendia a floresta aos nossos pés. Esses vales que por tanto tempo foram uma barreira intransponível para as tentativas dos mais intrépidos colonos...

Essa é a outra coisa, exclamou Sheridan, arrancando violentamente o livro das minhas mãos e jogando-o de volta para onde antes estivera, estas montanhas são um fato maciço de vida. Darwin pôde viajar por aqui, ao longo da estrada, mas por trinta anos estas montanhas foram intransitáveis. Os condenados e seus carcereiros estavam presos juntos, acorrentados juntos na costa. Houve oito expedições, porra. Oito. Foram abrindo o caminho à força por rios e cachoeiras. Não faziam a menor idéia de como sobreviver da terra e por isso carregavam toda aquela tralha com eles. Toneladas de coisas, e acabavam desistindo e dando meia-volta. Olhe para aquelas montanhas. Não parecem como as outras. *Nothing is revealed*, como diz a canção, nada está aparente. Mas são mais antigas que a porra do Himalaia, e profundas pra cacete, meu chapa.

E daí que lunáticos feito você se jogam dos despenhadeiros amarrados em cordas.

Sheridan me olhou sério.

Mmmm, ele disse e, pela primeira vez na nossa viagem, calou-se.

Tem umas coisas que eu podia contar a você, mas não quero que algumas pessoas fiquem achando que sou como o Deep Throat.*

E se eu trocar o seu nome?

Para qual?

O que você acha de "Sheridan"?

Seu puto sarcástico, você nunca achou que eu era de fato descendente de Sheridan.

Achei.

Então, me chame de Sheridan, estou cagando. Agora estamos começando a subir. Este pedaço é íngreme, mas não dá a menor idéia dos obstáculos que eles tiveram de superar.

Foi quando me lembrei da estrada e comecei a rememorar por que costumava ir ali tão raramente. Não era que eu nunca tivesse ficado surpreso e excitado pelo espetáculo extraordinário

---

* Garganta Profunda, como ficou conhecido o indivíduo que se tornou a principal fonte de informações sobre o caso Watergate para os jornalistas Carl Bernstein e Bob Woodward, que revelaram o escândalo. (N.T.)

das Blue Mountains: as vistas sublimes, as cachoeiras monumentais, os degraus irregulares, os rochedos vertiginosos, mas esta estrada sempre me deixou desanimado. Havia algo tão melancólico nos fios elétricos da estrada de ferro enferrujada que corria entre as pequenas cidades, algo tão atordoante e medíocre na arquitetura, que eu sempre ficava deprimido na ida e na volta.

Você não sabe o que tem diante dos olhos, disse Sheridan quando lhe confessei os meus sentimentos. Você tem sorte de eu estar com você.

O que eu vejo são casas feias e uma estrada de ferro lúgubre.

Sim, ele disse, antes de virar uma curva e parar o Mercedes languidamente no acostamento. Um caminhão de carvão buzinou com toda a força e nos sacudiu ao passar numa rajada.

Traga esse gravador, disse Sheridan ao descer do carro. Eu o segui a alguns metros, com o gravador na mão. Ele me levou até um alto liquidâmbar.

Tudo está oculto, disse Sheridan, um pouquinho pomposo na minha opinião. Ele olhou para cima, para a copa da árvore.

Dá um tempo, eu disse, eu vivi no mato, Sheridan. Este não é o primeiro liquidâmbar que vejo na vida. Posso reconhecer a bunda de um coala tanto quanto qualquer outra pessoa.

Onde está o coala?

A resposta veio em duas gotinhas que caíram da árvore, batendo nos galhos mais baixos e aterrissando na manta de folhas do solo da mata.

Sheridan levantou as sobrancelhas para mim. Suponho que você saiba o que vou dizer em seguida?

Que os coalas chegaram a reduzir o tamanho dos seus cérebros para poupar energia?

Você vai ligar o seu gravador?

Por quê?

Ouvi dizer que é o que você estava fazendo com Jack Ledoux.

Fiquei chocado de ver que seus olhos faiscavam. Ele esperou, com os braços cruzados sobre o peito, até que eu tivesse ligado o gravador.

Você não vai poder escrever o nome da cidade, ele começou, mas numa dessas cidadezinhas por aqui há um pub onde toda a rapaziada se reúne. Eu gosto desse pub, Pete, mas pode ser um lugar bem barra-pesada e uma noite houve uma briga e o filho-da-mãe de um esquelético, vamos chamá-lo de Lurch...

Sheridan...

O tal do Lurch, disse Sheridan com firmeza, arrebenta a cara de um dos rapazes. Olha que esse Lurch não é só bom de soco, tem um grande chapa na polícia local, de modo que se sente seguro, mas na sua excitação ele esquece que o pobre fodido cujo maxilar ele está ocupado em quebrar é por acaso o filho do presidente do conselho municipal.

Assim, quando o garoto tem de ser hospitalizado, o velhão não leva na esportiva. Ele dá queixa contra Lurch e depois entra com a porra de uma ação, e Lurch se vê afogado até o pescoço numa porra de dívida de 60 mil dólares.

Sheridan, por que não fazemos isso mais tarde?

Não, escute, disse Sheridan, tomando o gravador da minha mão e falando tão grudado no microfone que a fita ainda hoje reproduz o som da sua saliva e o leve assobio da sua respiração. Lurch acaba abrindo um negócio muito bem-sucedido de escavação. E em pouco tempo está com dez caminhões, escavadeiras, niveladoras e outras máquinas de terraplanagem. Os 60 mil dólares não o aleijaram, mas ele não consegue esquecer o garoto. Ele o odeia. Odeia, repete Sheridan. E seu amigo policial também odeia o garoto, sacou? E eles também não o deixam esquecer. Eles lhe dizem: Um dia a gente pega você, seu babaca.

Isso não faz sentido. Vamos entrar no carro.

Não. Passados quatro anos, o garoto que vamos chamar

de... Paul, Paul e um colega saem com o Chevrolet 1957 perfeitamente restaurado do pai. É uma preciosidade de carro e os garotos estão agora com 22, 23 anos e, para encurtar a história, enchem a cara e, às quatro da manhã, com Paul na direção, o Chev sai da estrada em alta velocidade...

Sheridan me pega pelo braço e me leva em torno da árvore para me mostrar um corte feio.

Bem aqui, veja, Pete. Veja.

Ficamos um ao lado do outro, olhando para a árvore.

Eles morreram?

Deviam ter morrido. O negócio acontece por volta de cinco da manhã. Com a estrada vazia. Está fazendo um frio do cão e há névoa. Mas é ainda pior, porque o colega de Paul quebrou os dois pulsos.

Paul está no maior porre, mas sabe que acaba de dar a

Lurch e ao policial o que estavam esperando. Vai ter de levar o colega para o hospital e lá o acidente será comunicado à polícia. *Um dia a gente pega você, seu babaca.* Ele sabe que vai parar na cadeia.

O nome do amigo é Skink.* É um exímio tocador de banjo, mas não é um cara grande, daí o nome. O pobre do sujeito é uma lagartixa magricela e agora está jogado no chão gelado, agonizante, com os dois pulsos estraçalhados.

Não se preocupe, colega, diz Paul, vou até a cidade buscar uma ambulância.

Você não vai porra nenhuma, colega, diz Skink.

Vou, sim, porra.

Você não vai porra nenhuma, porque se for vão metê-lo no xadrez e jogar a chave fora.

É, estou ferrado.

Skink é um daqueles tipos sardentos com orelhas de abano. Não se espera nada de muito brilhante dele, mas aí ele diz a Paul o que deve fazer.

Você vai sair pela porra da estrada, ele diz, e aponta para uma fazenda mais acima, está vendo aquele velho barracão vermelho logo ali? É a fazenda do meu tio, diz o garoto. Você vai acordá-lo e dizer que vai pegar o trator Fiat dele, e depois volta aqui.

---

* Pequeno lagarto. (N.T.)

Nunca dirigi um trator.

Você não tem outra escolha, colega, vai ter de rebocar a porra deste carro e eu vou dizer onde é que você vai pô-lo para aquele bosta de guarda nunca o achar.

E o garoto quase deficiente de tão pequeno ficou jogado bem aqui, Pete, no escuro, no meio da névoa. Dá para imaginar a dor? Ficou aqui deitado, esperando o amigo voltar com o trator, rebocar o carro, esconder o carro e depois voltar para levá-lo para o hospital. Levou cinco horas.

Isso é que é amizade, Pete. Você tem amigos assim em Nova York? Espero que tenha, meu chapa. Seus olhos negros e arrebatados estavam faiscando. Eu tenho amigos assim, ele disse, antes de virar o rosto bruscamente, como se estivesse envergonhado.

De volta ao carro, ele me devolveu o gravador. Quer saber? Eu sei o que você vai fazer com a porra desse livro. Vai contar para todo mundo como nós somos corruptos. Conheço essa sua merda. Colônia de condenados, Regimento do Rum etc. etc. Pois bem, inclua essa história sobre os garotos. Isso é que é Sydney para você, Peter. São os amigos.

E o que eu digo sobre o guarda?

Você não se atreva, exclamou Sheridan. Não se atreva a fazer dessa história um caso de policiais corruptos. Você sabe que eu não agüento quando você começa com essa merda.

CAPÍTULO DEZESSEIS

A polícia da Nova Gales do Sul é um assunto longo e complicado, mais adequado às Comissões de Investigação da Coroa do que a uma narrativa como esta. Mas a questão da corrupção em Sydney está tão disseminada que não dá para meter a mão na massa sem se revoltar contra ela.

Uma testemunha ao acaso: o meu amigo Geordie Levinson.

Em 1974, disse Geordie, que tem exatamente 1,65 metro de altura, me mudei para Paddington com minha namorada Sasha McPhee, uma garota muito alta. Sasha era louca por motocicletas e tinha uma moto de trilha de setecentos dólares que uma bela manhã simplesmente... *não* estava mais na frente de casa.

É lógico que tinha sido roubada e isso era, para dizer o mínimo, uma dor de cabeça. Não estava no seguro e nenhum de nós dois tínhamos muito dinheiro. Mal havíamos chegado de Melbourne e um monte de coisas já estava dando errado. Não gostávamos do lugar onde morávamos. Tínhamos de dividir a casa. E agora... setecentos dólares haviam escorrido pelo ralo.

Sasha raspou a sua conta no banco e comprou uma outra moto, e dessa vez fez o seguro. Não muito tempo depois, isto é, uma semana, a segunda moto também desaparece.

A tinta do contrato do seguro mal secara quando um sujeito bate à porta e se apresenta. Você quer o nome dele? Vou inventar um: Barry Williams.

E aí ele diz: Olá, sou Barry Williams.

Pergunto o que ele quer.

Você perdeu uma moto.

Sim, respondi. Nós perdemos. Na verdade, perdemos duas.

Ele parecia muito agradável, simpático. Também estava bem-vestido, mocassins Gucci, calças cáqui de algodão e camisa pólo. Bem, ele disse, se você me acompanhar poderá reaver a sua moto.

Então, Sasha sai com ele e logo os dois estão de volta com a moto perdida. Os cabos foram cortados e estão pendurados, mas de resto está tudo em ordem.

Sasha prepara o chá, nós três nos sentamos à mesa da cozinha e ela lhe diz: Muito obrigada.

É natural que eu esteja muito curioso sobre a transação e, então, já que nenhum dos dois diz nada, eu pergunto.

Bem, diz Sasha, Barry me levou até um estacionamento subindo a rua. O primeiro subsolo está *cheio* de motos.

É isso mesmo, diz Barry. Está apinhado.

E aí, diz Sasha, Barry me disse: Aqui está a sua moto daquela noite. Você pode pegá-la de volta.

Foi isso, diz Barry. Exatamente o que eu disse a ela.

E eu perguntei, diz Sasha: Por que você está me devolvendo a moto?

E eu respondi, diz Barry, sorrindo: Seria muito azar perder duas.

E eu perguntei, diz Sasha: Então você ficou com a outra? E quando ele respondeu que sim, eu quis saber por que estava me devolvendo aquela.

Porque, diz Barry, que agora está sorvendo chá na mesa da minha cozinha, há um *excesso* no mercado. Mais do que podemos vender. E depois, ela perdeu duas.

Virei-me para Sasha, mas ela apenas deu de ombros. Depois vim a descobrir que o seu único aborrecimento foi ter recuperado a moto que estava segurada.

Mas eu estava aborrecido, disse Geordie, e disse a Barry Williams: O que o leva a pensar que não vou dar queixa na polícia?

Ele parecia espantado que eu fizesse uma pergunta daquelas. Por que você faria isso? Você já pegou a moto de volta. E nós estamos aqui, tomando chá. De qualquer jeito, não o ajudaria em nada.

Mas isso é um escândalo.

Bem, vá à polícia se quiser, meu chapa. Só estou avisando que não vai ajudar em nada.

A despeito de tudo, ele estava muito tranqüilo. Terminou o seu chá com calma e, ao sair, me cumprimentou e me desejou boa sorte. Querendo dizer, eu supus, boa sorte com a polícia.

Bastou ele sair para eu ligar para a polícia de Paddington. Disseram que era da guarda metropolitana, que era melhor eu ligar para os detetives, e me deram um outro número.

Levou um bom tempo até finalmente um sujeito atender o telefone dos detetives. Não parecia muito interessado. Disse que alguém me ligaria de volta.

Quando? Esta noite? Amanhã?

Ah, não, alguém vai ligar de volta para você.

Mas eu era o único que voltava a ligar. Não que isso tenha me ajudado em alguma coisa. Quando por fim conseguia achar um detetive, era sempre a pessoa errada.

Depois de um tempo, acabei esquecendo e só voltei a ligar seis meses depois. Mas continuava sem conseguir interessá-los pelo meu caso.

Enfim, tempos depois, estou andando na rua em Paddington e dou com Barry Williams. Digo: Oi, o que você está fazendo por aqui?

E ele responde: Ah, estamos demolindo esta cerca. Tratava-se de um *muro* de arenito cinzento. E era incrível, um belo muro.

Você vai levá-lo embora?

Vou.

Por quê?

É um serviço.

Um serviço?

É, os donos estão de férias e aproveitamos para pegar o muro a pedido de umas pessoas que estão a fim dele.

Passado um tempo, diz Geordie, há um coquetel nos Eastern Suburbs. Bela casa. Candelabros. A família chama-se Williams e eu pergunto à minha amiga Victoria se podem ter algum parentesco com Barry Williams.

É a mesma família. Esta é a casa dos pais dele.

Mal ela acabou de dizer aquilo, diz Geordie, e eu vejo o Barry em pessoa vindo pelo meio dos convidados.

Aquele Barry Williams? Mas ele é um vigarista em Paddington.

Sim, ela disse. Ele estudou em Cranbrook. Estava lá na época de fulano e sicrano e beltrano. E ela faz a lista de todos aqueles nomes de gente muito rica.

Então, por que ele é um ladrão?

Shhhh.

Barry nos vê, disse Geordie, e se aproxima. Beija Victoria no rosto e me cumprimenta como se agora fôssemos velhos amigos. E de uma maneira estranha somos mesmo. Isto é Sydney, todos nós tão intimamente ligados.

CAPÍTULO DEZESSETE

Se vai escrever esse livro sobre yuppies como Geordie Levinson, disse Sheridan, como é que pode esperar que levem você a sério? Nem de Sydney ele é.

Ele mora aqui há 25 anos.

Ah, dá um tempo, Peter. Ele tem uma Ferrari.

Era uma Dino. Sabe há quanto tempo foi isso?

Corta esse papo de vendedor de carro, disse Sheridan, enquanto conduzia sua Rainha-Mãe das Mercedes para dentro do Megalong Valley. Estou cagando para o carro que ele tem.

Ele foi meu advogado. Ainda é meu advogado. Você acaba conhecendo muito bem uma pessoa desse jeito. É um dos homens mais decentes e justos que já conheci.

É um esnobe.

Sheridan, você nunca trocou mais do que vinte palavras com ele. Alguma vez ele o ofendeu?

Para ser franco, Pete... ele tem 1,65 metro.

Deus do céu, Sheridan.

Conforme deixávamos as alturas das escarpas montanhosas e descíamos pela floresta de *coachwood*, os raios entrecortados do sol caíam em fatias reluzentes sobre o capô fosco do Mercedes. Tínhamos lampejos fugazes das paredes de arenito das Blue Mountains erguendo-se acima de nós, mas já não estávamos "nas montanhas". Ao chegarmos à parte mais ampla e plana do vale, deixamos o asfalto e tomamos uma estrada de terra e, em seguida, outras picadas cada vez mais difíceis até que, após uma passagem particularmente pedregosa, paramos diante de uma porteira alta e excessivamente complicada, que exibia todas as marcas da mente engenhosa de Sheridan.

Uma vez vencido esse obstáculo, perguntei-lhe se nos encontrávamos por fim em suas terras, mas ele estava mais preocupado em preservar o amortecedor do Mercedes. Ia e vinha para fora e para dentro da trilha, tentando evitar as pedras, em vão. Quando, depois de uma pancada violenta, xingou e parou, não podia me passar pela cabeça que tivéssemos chegado.

Você devia comprar um quatro por quatro, eu disse.

Sheridan virou aqueles olhos escuros e ofendidos para mim.

Me diga, Pete, como é que Geordie arruma todas aquelas meninas? Quantos anos ele tem? Cinqüenta? Cinqüenta e cinco?

Não adiantava dizer a ele que Geordie agora tinha uma perua Volvo, ou que era pai de três meninos pequenos. A atual felicidade de Geordie não teria confortado meu amigo naquela hora.

Sheridan, perguntei, você está bem?

Ele desligou o motor e, calado, me concedeu um sorriso gentil e forçado. Lar, doce lar, ele disse.

Mas não havia nem sinal de casa, e a doçura que podia haver numa pastagem abandonada não era imediatamente óbvia.

Tem coisas para carregar, ele disse.

Logo eu estava carregado de garrafas de vinho e livros, além de uma perna de carneiro bem sangrenta sobre a qual as moscas imediatamente se juntaram.

Onde é a caverna?

Por aqui.

Agora eu seguia as costas largas de Sheridan por uma paisagem bem distinta da que havia imaginado. É preciso dizer que se adequava a ele. Era o perfeito hábitat para um velho hippie — cheio de junça, um canteiro florescente de amoras com caniços crescendo no meio, uma caixa-d'água carcomida de ferrugem, uma represa murada, com mudas de eucalipto de quatro anos crescendo nas bordas e, ao longo dos rastros de gado sobre os quais andávamos, sinais da considerável energia de Sheridan: plantações cercadas de *hakeas*, grevílleas e eucaliptos. Não era o que eu previra ao imaginar uma caverna "nas montanhas". Achei que seria algo profundo dentro das escarpas, um lugar onde daria para ver as marcas do tempo em que a Austrália havia se separado da Nova Zelândia.

O rastro do gado cortava para a esquerda, contornando uma colina, mas nós continuamos a subir e lá estava a caverna.

Não parecia uma caverna, mas um alpendre ajardinado e enterrado na encosta. Havia baldes de plástico por todos os lados, e pás e enxadas encostadas às janelas. É claro que se tratava de uma caverna com paredes e uma grande laje de arenito

165

cruzando o teto. Com sua típica diligência, Sheridan havia emoldurado a entrada, levantando uma parede com janelas e uma porta. O resultado era um grande quarto com paredes de pedra, que não dava para definir como nada além de aconchegante. É verdade que era um pouco mofado, mas ele logo acendeu o fogo do fogareiro. Também ligou o lampião a gás e a geladeira. Pôs uma chaleira no fogareiro Primus. Havia duas poltronas estofadas, mas preferi me sentar na cadeira de madeira com encosto reto atrás da escrivaninha, e olhei para fora pelos vidros empoeirados. Lá longe, a luz descia sobre as escarpas de Katoomba.

É aqui que você escreve?

Esse livro foi um desastre, disse Sheridan, tranqüilamente. Foi um desastre da porra.

Pensei que você tivesse arrumado um editor.

E arrumei, eu arrumei um editor.

Parabéns.

Não, ele respondeu com veemência. Troquei meu casamento por um editor. Vim para cá por três anos e agora que cheguei ao final, perdi a porra do casamento e tudo o que me resta é um livro. Você sabe o que ela me disse? Você esgotou toda a minha boa vontade. Que porra isso quer dizer?

Mas eu pensava que fosse Clara quem queria que você largasse as novelas. Que achava que você estava jogando fora o seu talento.

Bem, realmente dava essa impressão, Pete. Mas enquanto eu ficava aqui escrevendo o livro, ela trabalhava dezoito horas por dia. Ela não reclamou até começar a me odiar.

Não parece justo.

Não tem a ver com justiça, colega, mas só com o pai dela. Eu podia matar o puto se já não estivesse morto.

Lamento, eu disse.

A verdade é que agora eu odeio este lugar, Pete. E eu costumava ficar *tão* feliz quando estava aqui, mas agora mais parece um túmulo.

Mas você sempre gostou das montanhas.

É, ele disse, sempre gostei das montanhas. Era como se eu achasse que aqui era o meu lugar. Meu irmão ainda tem uma fazenda lá para os lados de Lithgow. Meu avô teve a sua primeira concessão de terra neste distrito. Quando era jovem, ia dançar numa caverna não muito longe daqui. Não era uma caverna como esta, era enorme, profunda, com o piso adequado, erguido pelos vaqueiros. Se você visse, ficaria maravilhado, as coisas que os homens fazem por sexo. É, este é o meu lugar, mas eu nunca devia ter escrito esse livro. Mesmo se acabar se revelando que escrevi *Ulysses*, vou continuar arrependido. Preferia estar escrevendo novelas de novo. Não ia ficar brigando com aquelas cadelas desta vez.

Ele levantou a mão, mas não entendi o que queria.

Me dê a porra do seu gravador.

Por quê?

Por que você acha? Vou dar-lhe a porra da sua história da Terra. Arrancou o gravador da minha mão e, depois de tê-lo ligado, sentou-se na mesa ao meu lado.

Quer saber?, ele falou, um dia depois de ela ter dito que a boa vontade dela tinha se esgotado, subi o Danae Canyon para fazer um rappel.

Deixe-me explicar essa merda. Bem, primeiro você sabe que o arenito de Sydney é muito macio. O puto é tão macio que os riachos o cortam como faca na manteiga. Você tem um ria-chinho que começa correndo pelo vértice de um V, mas com o passar dos anos ele vai cortando mais e mais até o V virar um Y e, embora a haste do Y não passe de dois metros de largura, pode chegar a dezenas de metros de profundidade, com as paredes erodidas nas mais belas formas escultóricas e jardins de samambaias suspensas, aranhas e lagartos que não se en-contram em nenhum outro lugar do mundo, que talvez te-nham vivido ali por centenas de milhares de anos. Foi o meu colega Skink que me pôs nesse negócio.

O garoto que quebrou os pulsos.

São dois caras legais, Paul e Skink, e não se incomodam com um pouco de perigo. Quando você olha para Skink, não dá muito por ele, mas escalei com ele e combati incêndios com ele e prefiro pôr minha vida nas mãos dele do que nas de qualquer outro homem vivo. E esses desfiladeiros podem ser perigosos, meu chapa. Se você for pego por uma tempestade no fundo desses buracos, está ferrado. São tão estreitos que não é preciso muita água para fazer a correnteza subir. Quero dizer que você pode estar deitado num colchão de ar, flutuando rio abaixo sob a luz deslumbrante e filtrada, cercado por paredes esculpidas e douradas, e de repente se vê no meio de uma torrente cheia de troncos, que pode matar. É essa coisa espantosa em Sydney. Você pode dirigir por uma hora ou duas e descer por desfiladeiros onde nenhum ser humano jamais pôs os pés. É verdade que por vezes essas escaladas estão mais para piqueniques, mas por outras nós as levamos muito a sério e na ocasião de que estou falando, o dia depois de Clara ter dito: "A minha boa vontade se esgotou", quatro de nós havíamos planejado descer em rappel por uma cachoeira espantosa. Danae é uma fenda num paredão de cerca de seiscentos metros de altura.

Você quer dizer sessenta.

Seiscentos. Pensei em cancelar, estava meio deprimido, mas por fim achei que precisava de alguma coisa grande como o Danae Canyon para desanuviar minha cabeça dos problemas. Enfim, a maneira como você faz isso é descendo numa série do que chamamos de "lances", etapas de cinqüenta metros. Você está com duas cordas amarradas, emparelhadas. Tem esses pontos de amarra. Não, não são essas drogas de pinos. Uns vaqueiros chegaram a furar a pedra e pregar pinos com cola epóxi, mas nunca confiei nisso. Você se amarra em qualquer objeto sólido — um tronco, uma rocha, qualquer coisa em que possa dar um laço. Passa a corda pelo laço. A razão de manter as duas cordas emparelhadas é que você pode puxar a corda atrás de você ao chegar à base de cada lance. O laço fica no ponto de amarra. Uma vez feito isso, no entanto, não há volta.

De qualquer jeito, o primeiro lance é o mais perigoso, porque você não sabe exatamente que condições vai ter de encarar, e naquela ocasião precisa eu fui na frente. Estou a meio caminho quando me dou conta de que o volume de água nessa queda é bem maior do que pensávamos. Estou com roupa de borracha, mas o problema não é me molhar. A porra do negócio, Pete, é que eu não consigo respirar. Tem uma tonelada de água ribombando na minha cabeça. É como pôr a cabeça para fora de um carro em alta velocidade.

Mas é ainda pior. Pois uma árvore caída se engastou na vertical da cachoeira e quando já estou na metade da descida me dou conta de que a corda se enroscou na copa da árvore, de modo que estou a meio caminho do ponto de amarra e sem corda.

Meus amigos estão me esperando na saliência da pedra lá em cima e não podem me ver. Eu me lanço para fora o máximo que dá e GRITO, mas não podem me ouvir. E sei que vão morrer na ponta da pedra se eu ficar preso, porque só restou uma corda e ela está comigo.

Tenho portanto duas opções. A primeira é largar a corda e me jogar, embora só Deus saiba a altura daquilo, mas para fazer isso preciso me desconectar e o meu peso está prendendo o gancho de soltura.

Então, subo na porra da árvore. Não sei se você tem idéia do que é escalar um tronco escorregadio contra uma tonelada de água. Mas eu consigo fazê-lo e libero a corda. Estou esgotado e arrebentado, mas continuo a descer.

Só que a corda de cinqüenta metros não é suficiente, e eu chego à ponta dela tendo apenas ar debaixo de mim. Estou realmente exaurido a essa altura. Me arrependo de ter começado a descer. Não há a menor possibilidade de eu subir pela corda contra o peso da água. Não chega nem a ser uma opção. Minha única escolha é me atirar. Estou tão fraco que não consigo me puxar até onde poderia liberar o gancho do meu peso e abri-lo.

Fico ali pendurado, e você sabe que eu não estava ligando para morrer. No fundo, para ser honesto, a morte até que parecia uma boa solução, mas não podia deixar meus colegas lá em cima. Skink tinha um bebê de um ano.

Então, resolvi tentar mais uma vez. O que eu tinha de fazer, no meio dessa porra de cachoeira, era como uma flexão com um único braço, erguendo-me no ar com a mão direita, enquanto tentava abrir o gancho com a esquerda.

E finalmente o gatilho se soltou e eu nem cheguei a pensar:

despenquei. Pensei: Graças a Deus, acabou. Foi uma queda de 25 metros numa piscina de um metro e meio de profundidade.

Minha conversa com Sheridan aconteceu em abril de 2000 e pouco mais de seis meses depois recebi este recorte da edição de 15 de junho do *Sydney Morning Herald*. Não havia nenhuma carta anexada, só um post-it amarelo em que se lia psi (Para Sua Informação).

O salto mortal à beira do mundo
Por John Huxley

Cangurus dorminhocos arrastavam-se ao longo da estrada de terra. Melífagos se agitavam entre as árvores. Exploradores, alguns carregando bebês nas costas, andavam a passos largos à procura das atrações locais, tais como o monte Cloudmaker, Big Misty e a Caverna da Pista de Dança.

E, bem devagar, o sol ascendeu sobre a serra, dissipando com seu calor a névoa e a geada.

O estacionamento de Kanangra Falls passa uma sensação tranqüilizante de familiaridade com seus discretos banheiros, mesas de piquenique e cabana de informações, tudo muito arrumado sobre o Boyd Plateau, no alto das Blue Mountains.

Mas basta uma pequena caminhada — "um salto à beira

do mundo", como disse um membro da equipe de resgate da polícia — para adentrar uma paisagem totalmente estranha e hostil.

Um mundo indômito. Nas palavras do guia do Parque Nacional: "Um labirinto de riachos, rios, serras escarpadas e gargantas profundas".

Foi em uma dessas remotas gargantas, próximo às cataratas de quatrocentos metros de altura de Corra Beanga, apenas cinco quilômetros a noroeste do estacionamento, que dois membros do Clube de Alpinismo da Universidade de Newcastle morreram no fim de semana passado após uma expedição de três dias ter dado terrivelmente errado.

Parece que os dois homens ficaram presos depois de suas cordas terem se enroscado quando, na dianteira de um rappel, desciam os cinqüenta metros da oitava entre as treze quedas-d'água que formam Corra Beanga.

"Acreditamos que duas cordas estavam envolvidas", disse o sr. Alan Sheehan, da unidade de resgate Oberon, do Serviço Emergencial do Estado. "O primeiro homem chegou lá embaixo e liberou sua corda. Mas o segundo acabou se enredando na própria corda. Quando o primeiro voltou a subir para ajudar o outro, também se enroscou.

"É muito raro as cordas se embolarem. Por que isso aconteceu? Talvez nunca venhamos a saber. Talvez os dois únicos que saibam estejam mortos."

Tentativas desesperadas de salvá-los, por parte dos outros sete colegas que, com lanternas, quarenta metros acima, perscrutavam horrorizados o precipício, tiveram de ser abandonadas com a chegada da noite e a deterioração das condições meteorológicas.

Forçados a passar a noite presos, balançando na escarpa do desfiladeiro, expostos à chuva, ao vento e à cachoeira, o sr. Steve Rogers, de 26 anos, e o sr. Mark Charles, de 24, foram considerados mortos por hipotermia.

"Não sabemos, mas pode ter sido uma questão de minutos. Ou de horas", disse o sr. Sheehan.

Os sobreviventes passaram a noite numa saliência estreita da rocha, de menos de meio metro de largura, tremendo, amontoados debaixo de um folheto, sem poder responder aos gritos de socorro dos amigos lá embaixo.

Um policial veterano do distrito de Chifley, inspetor Peter Thurtell, disse que, ao que tudo indicava, inicialmente eles não sabiam da sorte dos companheiros.

"Até onde temos conhecimento, as pessoas que ficaram na saliência da pedra acima dos outros dois esperavam de fato acordar pela manhã e encontrar seus amigos acampados na saliência mais abaixo", ele disse.

E, no entanto, na manhã seguinte se deram conta do pior e, depois de liberarem os amigos mortos das cordas, começaram uma caminhada de três dias até um lugar seguro, por um percurso que um dos membros do esquadrão de resgate descreveu como "o pior terreno que jamais vi ou quero ver". Foram resgatados por um grupo de busca, perto de Kanangra Falls, na tarde de terça-feira.

Enquanto os sobreviventes reencontravam seus parentes e amigos, a tarefa sinistra de recuperar os corpos foi retomada, ontem, sob um céu azul e boas condições climáticas.

Os dois corpos foram rapidamente localizados, numa piscina ao pé da oitava cachoeira, e içados em duas viagens pelo helicóptero da polícia de resgate.

As duas mortes elevaram para quatro o número de acidentes fatais entre esportistas e exploradores nas Blue Mountains no último fim de semana.

A polícia e os serviços de resgate, porém, evitaram criticar os aventureiros ou defender restrições ao número e ao tipo de pessoas permitidas nesses sertões.

CAPÍTULO DEZOITO

Naquela noite na caverna de Sheridan, tentei convencê-lo a me contar suas aventuras na Brigada Local de Voluntários no Combate a Incêndios, mas a despeito do número de vezes que encheu o seu copo, não dava o braço a torcer. Já falei demais, ele disse. Ledoux tem razão, se você já se safou uma vez, é melhor ficar bem calado.

Bem, então me deixe conversar com Skink.

Skink não é de falar, colega, mas vou lhe dizer quem pode falar, vou dizer quem é perfeito — como é que é mesmo o nome dele? Ele é casado com um mulherão.

Você está falando de Marty Singh? Ele mora aqui perto.

Como é que ele arrumou uma mulher daquelas?, perguntou Sheridan.

Bem, ele tem cabeça. E é bonito.

Bonito? Você acha mesmo?

Com certeza, e é um sujeito interessado, curioso, cheio de vida.

Também sou curioso pra cacete, disse Sheridan com seu jeito belicoso. Está bem, ligue para esse patife. Você precisa de algumas celebridades premiadas para dar uma animada nesse seu negócio. Ou ex-celebridades. Tanto faz, ele vai falar pelos cotovelos. Tome, use o meu celular.

Liguei para Marty e ele disse que de fato falaria com prazer sobre suas aventuras no combate a incêndios se não estivesse de partida na manhã seguinte para Broome.

Grava o cara, sussurrava Sheridan impetuosamente. Grava o pilantra.

Por fim, Marty foi prestativo o bastante para concordar em gravar nossa conversa e eu já não tinha com o que me preocupar a não ser com Sheridan, que insistia em empurrar seu cabeção desmazelado contra o fone para poder ouvir o outro lado da conversa.

Eu estava na costa, em Bateman's Bay, disse Marty, com Astrid.

É ela, sussurrou Sheridan, a gostosa.

Cala a boca, Sheridan, disse Marty. Eu estava lá com Astrid e a mãe dela. Os incêndios estavam pipocando por toda parte em volta de Sydney naquela época. Não sei o que os causava — raios, bitucas de cigarro.

Tinha a porra de um piromaníaco solto por aí, disse Sheridan. Não sei como é que ele pode dizer que não sabe.

Talvez ele esteja certo, Marty suspirou. Sei de um incêndio que foi deliberadamente iniciado no monte Wilson. E aí, na cidade de Colo, uma mulher pulou numa piscina com os filhos para escapar a um incêndio, mas morreram todos.

O incêndio do monte Wilson não era o único nas Blue Mountains, então liguei para casa para saber se havia perigo.

Tínhamos deixado um casal de amigos cuidando da casa e percebi que havia um tom estranho na voz deles. Sei que não se assustam com facilidade. Quer dizer, eles são militantes tibetanos que fazem manifestações na China. Mas ali parecia que tinham de sair às pressas para Canberra.

Willem, irmão de Astrid, também estava nas montanhas.

Boa-praça, disse Sheridan.

Willem é um cara surpreendente, Marty concordou. Nunca entra em pânico em relação a nada, está sempre sereno e tranquilo, mas, quando lhe perguntei sobre os incêndios, pude ouvir que estava *apreensivo*.

Foi quando entendi que era hora de partir. Pela primeira vez no nosso casamento, Astrid me preparou uma merenda! E saí rumo às montanhas a 140 quilômetros por hora. Enquanto dirigia, liguei o rádio e me lembro de ter ouvido numa estação comercial que os incêndios em Pittwater estavam queimando até o cais. Aquilo significava que a nossa velha casa já devia ter sido consumida pelo fogo. Também aquele sujeito que havia desenhado as notas do dólar australiano. A casa dele foi embora. E a de Dorothy McKellar é bem ali do lado, não é? Você sabe de quem estou falando, aquele hino famoso ao El Niño! *I love a sunburned country / a land of sweeping plains?** Estávamos bem queimados de sol naquele dia, pode crer.

---

* "Amo um país queimado pelo sol / uma terra de vastas planícies."

Havia uma barreira da polícia na M4. Só permitiam que você seguisse para o oeste se tivesse um endereço das montanhas na sua carteira de motorista.

Foda-se tudo isso, Sheridan disse, abandonando por fim o pequeno fone. Ouvi o barulho de uma rolha, seguido da pancada da porta se fechando atrás dele, que saiu cambaleando para dentro da noite.

Da planície, Marty prosseguiu, tudo o que você podia ver era a fumaça no céu e me pareceu que o meu carro era o único indo para oeste. Ao chegar ao sopé das montanhas, notei que os carros vindo na direção contrária à minha traziam móveis e aparelhos domésticos amarrados ao capô ou rebocados, como refugiados. Não havia absolutamente nenhuma informação na rádio ABC. Havia incêndios por todos os lados em Sydney, mas tinham programado levar ao ar um quarteto de lésbicas árabes e nada ia fazê-los mudar de idéia.

Nesse meio tempo, conforme comecei a subir as montanhas, percebi que havia cinzas caindo do céu. Os carros vinham pelas curvas com os faróis acesos.

Uma hora depois, eu estava em casa, e lá estava também o bom e velho Willem. Ele já havia removido as cortinas e estava limpando a vegetação em volta da casa.

Mas ele tinha a sua própria casa para cuidar. De modo que assumi seu lugar e o deixei ir embora. Estava muito, muito quente e enfumaçado. E, mesmo com o cair da noite, é claro que não ficou mais fresco. Quando já não havia luz suficiente para trabalhar do lado de fora, subi na nossa torre. Havia um círculo de fogo queimando nas serras em volta. Era realmente *bonito*. Imagine só você no alto de uma torre com fogo por todas as janelas, em todas as direções. Naquela altura não havia vento nem indicação clara de que ventaria desde Grosse Valley, que é o nosso Grand Canyon, se você quiser. De maneira que ali eu ainda não estava aterrorizado. Na verdade, tive uma ótima noite de sono.

A manhã seguinte estava muito quente, enevoada com a fumaça. Pus um macacão, botas e luvas de jardim. Primeiro, preguei placas de ferro corrugado sobre as clarabóias. Depois tive de fazer uma barreira de água nas calhas do telhado. Nossa casa tinha uma calha larga e não dava para tampar o cano de escoamento com bolas de tênis como todo mundo estava fazendo por todo o lado em Sydney. Tive de inovar. Peguei uns vestidos velhos de Astrid — bem, pensei que fossem velhos, mas depois acabei descobrindo que eram Kenzo —, embrulhei-os com plástico e os enfiei pelo cano da calha. E aí enchi as calhas de água. Foi assim que passei o dia, erguendo todas essas fortificações e essas defesas contra o fogo. Estava enlouquecidamente ocupado, mas nem um pouco infeliz.

E o grande barato era que as pessoas apareciam para ajudar. Havia um velho sujeito, Sandy Blake, que morava sozinho descendo a rua. Ele veio ajudar. E aí alguém apareceu com uma serra elétrica e derrubou umas árvores que pendiam próximas demais da casa e das outras construções.

E então Willem voltou. Àquela altura, eu abdicara do rádio. Estávamos cercados de neblina e de uma fumaça densa. Eu não precisava de um rádio para saber que estava no meio de um incêndio.

As linhas de telefone continuavam funcionando e Astrid telefonava sem parar.

Os álbuns de fotografias!

De modo que fui pegar as porras das fotos, que eram todas de Astrid e dos ex-namorados dela, e as guardei na lavanderia, que tem forro duplo.

E aí o telefone tocava de novo. Minha porcelana chinesa! Lá vou eu guardar a porcelana chinesa.

E aí: o guarda-roupa!

Dane-se o guarda-roupa.

Pus algumas coisas na lavanderia e outras na mala do carro, mas não tinha a menor idéia do que era seguro.

Ao final do dia, todas as coisas de que Astrid gostava estavam na lavanderia protegidas por cobertores de lã. As calhas estavam com água até as bordas. Também deixei baldes de água por toda parte. Mas o que você faz com as fitas de vídeo? Eu tinha fitas com toda a minha animação, cada metro de filme que produzi, e vídeos são como tonéis de óleo, as coisas mais explosivas que há.

No começo da noite desse segundo dia, recebi o telefonema de uma sobrinha que trabalha nos parques nacionais. Estava ligando de um helicóptero: Marty, estou sobrevoando a sua rua agora. O fogo está vindo da casa de Perry. Estava perto, apenas alguns quilômetros abaixo do fim da nossa rua.

Então, recebi o telefonema de um vizinho, dizendo que havia visto caminhões de bombeiros subindo para a minha casa.

Bastou eu desligar para todos aqueles bombeiros voluntários irromperem minha casa adentro. Reconheci dois deles, incluindo o cara do estacionamento local. Marty, ele disse, precisamos de panos de prato.

Então eu lhes dei os meus panos de prato.

Precisamos tirá-lo daqui, Marty.

Eles molharam os panos de prato e os rasgaram e cobriram os rostos com eles, mas não conseguiam esconder os olhos cheios de pânico. Não quero rebaixar esses voluntários. Eram muito corajosos e me ajudaram muito. Mas era assustador olhar para aqueles olhos.

Recebemos ordens. Você tem de ser evacuado.

Não preciso ser evacuado.

Não, não, não crie problemas para a gente, Marty.

Então, onde está o capitão?

Mas eles já tinham levado o velho Sandy Blake para o caminhão. E eu era o próximo. Não queria fazer papel de babaca, mas eu estava absolutamente lívido. Eu pensava: Não podem fazer isso comigo. Fomos escoltados num comboio, e enquanto descíamos a rua, outros cinco caminhões vinham na direção da minha casa.

O comboio seguiu por cerca de dez minutos até o ponto onde a estrada de terra desemboca no asfalto, que os habitantes da região chamam de "O Aeroporto". O local tinha sido transformado agora na base das unidades de combate a incêndios — caminhões de bombeiros, viaturas de polícia, meus vizinhos. Não dava para ver além de um raio de cem metros. O sentimento era de pânico.

Então, descobri que estava sem a minha carteira.

Esqueci minha carteira, eu disse ao guarda.

Qualquer um entende isso. Um homem precisa da sua carteira.

Tenho de voltar para pegá-la.

Está bem, Marty, ele disse, vou ver se consigo uma permissão.

Deixe disso, eu disse, não precisamos de permissão.

Está bem, entre na droga do carro.

Eu estava entrando no carro e quem foi que eu vi, tentando convencer os guardas a deixá-lo passar pela barreira na estrada? Era Willem. De modo que esse jovem policial nos conduziu através da fumaça e das cinzas de volta à minha casa.

Agora o lugar estava tomado por bombeiros, mas como

não tinham acendido as luzes de fora não podiam encontrar as minhas caixas-d'água.

Tenho de ficar. Esses caras não sabem onde fica coisa nenhuma.

Por fim, o jovem policial concordou.

Os bombeiros tinham um mapa com a topografia do terreno entre a nossa casa e a de Perry, mas estavam com dificuldade para lê-lo.

Queriam saber quantos vales havia entre a minha casa e o Retiro do Governador.

Bem, disse Willem, o primeiro fica aqui.

E imediatamente ouviu-se uma ordem. Enquanto Willem lhes explicava o relevo do local, a minha sala se tornou um quartel-general em tempo de guerra.

Àquela altura, o velho e pobre Sandy Blake tinha sido levado embora e passava uma noite horrorosa num abrigo. Mas eu estava em casa com o meu cunhado, que havia ajudado a construí-la, e tinha confiança na sua capacidade de resistir a um incêndio. Esses caras também pediram meus panos de prato para lhes cobrir os rostos lá em casa. Para que tudo isso? Perguntei a eles. Por que vocês queriam me evacuar?

Meu chapa, temos combatido incêndios florestais há vinte anos e nunca vimos nada igual a isto. Estivemos no Retiro do Governador e nunca vimos chamas como aquelas, nunca.

De qualquer maneira, agora tudo estava mais calmo.

Mostrei-lhes onde ficavam as caixas-d'água. Eu tinha muita água. E eles deixaram um caminhão-pipa bem próximo. Mostrei-lhes as picadas e as trilhas. Mostrei-lhes as outras construções no meu terreno e tomamos decisões sobre o que devia ser sacrificado e o que devia ser defendido contra o fogo. A casa principal era o mais importante, depois aquela outra, e aquela, e assim por diante. Acendemos as luzes exteriores.

Por volta de uma da manhã, os ventos se acalmaram um pouco e fui informado de que teríamos de provocar um incêndio preventivo. Aqueles caras saíram de dentro da escuridão com regadores e eu fiquei olhando enquanto despejavam o líquido inflamável no chão. Andavam em grandes círculos, pondo fogo no meu jardim. Puta merda. Agora havia dois anéis de fogo, um próximo e o outro mais distante. E é claro que dava um pouco de medo. Eu ficava correndo atrás deles, dizendo: Não, essa árvore não, pois estava tentando evitar que queimassem os carvalhos — as árvores australianas renascem depois do fogo, mas os carvalhos ingleses morrem.

E aí, de repente, apagaram-se as luzes da casa.

Perguntei ao cara dos parques nacionais: O que aconteceu com a força?

Ah, nós a cortamos.

Por que fizeram isso?

Estamos fazendo um incêndio preventivo.

Sim, mas, se desligarem a luz, minhas bombas-d'água não vão funcionar.

Argh, ele disse. Por que nada é simples?

De modo que agora estava sem a porra da luz. E com esses novos incêndios perto da casa. É natural que eu me sentisse muito mais vulnerável.

Havia um monte de bombeiros experientes, mas também alguns aprendizes. Havia vinte ou trinta caras, serras elétricas cantando no meio da noite, montes de ancinhos e pás, tudo para conter o incêndio preventivo.

E de repente já era de manhã e eles estavam guardando as serras elétricas, convergindo de volta para os caminhões.

E de repente fui abandonado, sem luz, sem mangueiras, cercado por esse resto de mato crepitante, esses tocos ardentes de árvores. Além disso, nossos pinheiros eram altos, tinham cinqüenta ou sessenta anos, e o fogo entrara por baixo da terra, sem que eu percebesse, e estava silenciosamente queimando suas raízes.

E os ventos, como eles dizem, se tornam "variáveis". Focos de fogo começaram a espocar por toda parte e tudo o que me restava eram baldes de água para apagá-los.

Uma barreira fora erguida na rua, de modo que nenhum dos meus amigos podia chegar até mim, à exceção de Willem, que podia vencer qualquer barreira.

Foi essa a minha vida naquela semana, e nada mudou

quando a luz voltou. Mal conseguia dormir. Passava o tempo inteiro apagando incêndios. Nem atendia o telefone. Não estava aterrorizado, mas muito, muito alerta.

E então, disse Marty, um outro incêndio começou a vir do leste, de Wombat Rock.

De modo que passei a cortar com a serra elétrica a mata em volta da cabana onde Astrid guarda a sua cerâmica.

E aí as pessoas começaram a aparecer, com comida, ajudando a estancar o fogo com sacos molhados. Willem ia e vinha com freqüência. Outros vinham e nunca mais voltavam. Sabe como nos velhos tempos as pessoas iam assistir às guerras? Era mais ou menos a mesma coisa.

Nós tínhamos um galo e um coelho de estimação na casa. E àquela altura eles tinham se tornado de repente muito domesticados e amigáveis. Não existe história australiana sem uma galinha, não é? Então, aí está o galo, acompanhado por um coelho. Fui até a casa da árvore e eles foram comigo.

O céu estava rubro. Mal dava para respirar. Às minhas costas, o fogo estava devastando Spy Hill. E o barulho! Dava para ouvi-lo crepitando, rugindo. O som era completamente aterrorizante. Além disso, o fogo lançava dejetos flamejantes para a frente, de forma que toda essa artilharia caía dos céus.

Foi quando pensei que podia morrer. E aí é que está o negócio, a coisa mais importante para mim. Achei que tudo bem. Não me enrolei em posição fetal.

Me afastei da casa, descendo na direção das escarpas, e comecei a lidar com os focos de fogo. Em algum momento por aquela altura, minha irmã Jodie e o namorado me trouxeram comida.

Eles olharam para o fogo em Spy Hill e depois para este sujeito preto de cinzas batendo desvairadamente na mata com um saco molhado. E disseram: *Marty*, está na hora de sair daqui.

Mas eu não ia sair de jeito nenhum.

Marty.

Vocês vão, se quiserem. Tudo bem.

Saíram numa disparada do cacete. Por um tempo, ficamos só eu, o coelho e o galo.

Mas logo o meu amigo Leon chegou todo equipado com o macacão e as botas apropriadas. Em seguida, apareceu o velho Sandy Blake. Estava na cara que ele não estava bem. Suas mãos estavam todas inchadas, como luvas de borracha cheias de água. Ele começou a recolher toras grandes e a jogá-las fora.

Sandy, você não devia estar fazendo isso.

Bobagem, ele disse, quero ser útil.

Lá estávamos nós três, combatendo o fogo com nossos sacos molhados. E de repente me dei conta de que havia algo simpático naquilo.

Naquela hora, éramos verdadeiros vizinhos, combatendo o fogo lado a lado. E me senti muito bem por estar vivo.

Ele ainda não acabou?, exclamou Sheridan, irrompendo caverna adentro e despencando em uma das poltronas estofadas, onde logo pegou no sono.

Marty fez uma pausa. Que barulho é esse, Peter?

Sheridan. Está dormindo agora.

Ahr, pobre velho Sheridan, disse Marty. Ele contou sobre o garoto que quebrou os pulsos?

Contou.

E sobre o Danae Canyon?

Também.

Quer um conselho, Peter?

Sim?

Não fale com ele sobre a lavoura de gravetos de fogo. Ele fica louco.

CAPÍTULO DEZENOVE

Fui despertado pelo jato da máquina de café expresso e por um barulho alto e desagradável, como o de uma dobradiça emperrada.

Levanta essa bunda, Sheridan chamava, e eu me apoiei nos cotovelos, sem me erguer muito, porque o pé-direito daquela reentrância no fundo da caverna não chegava a um metro, para dar uma espiada na vegetação de cerrado cinza e rala do lado de fora. A dobradiça enferrujada rangeu de novo.

Cacatuas negras de rabo vermelho, explicou Sheridan. Ele estava de pé ao lado da mesa, cortando o carneiro da noite anterior.

Você já perdeu os cangurus. Vieram e se mandaram. Vamos logo, colega, temos de voltar para a cidade.

Olhando ao redor da caverna, vi que quase tudo o que tínhamos trazido do carro havia sido levado de volta. Além do carneiro, havia uma caixa de papelão e um saco de lixo abarrotado.

Por que a pressa?

Bem, colega, você não estava vindo me visitar, temos de encarar o fato.

Pelo amor de Deus, Sherry. Não fale assim.

Não estou magoado. É verdade. Sei que você é um escritor no batente. Está tentando arrancar a história do velho Jack.

Tudo bem, ele disse, mas seus olhos estavam sombrios e cintilantes. Ele se virou para a máquina de café expresso e encheu as duas canecas.

Sheridan, como é que você sabe disso?

Sheridan pôs o café transbordante na mesa. Ele também é meu amigo, disse em tom de reprovação. Falei com ele. Você quer um pouco deste carneiro antes de partirmos?

Balancei a cabeça e Sheridan, tendo cortado para si uma última fatia ensangüentada, jogou os restos num saco plástico.

Jack vai contar a história, ele anunciou. Você tem um almoço marcado com ele no Bar Coluzzi. É melhor ir se mexendo se pretende chegar à cidade a tempo.

Dez minutos depois, estávamos levando o saco de lixo e a caixa pela relva úmida em direção ao carro. No caminho, observei Sheridan tomar um grande gole de café, examinar com hostilidade o céu melancólico, despejar o resto do café no chão e pôr a caneca de cabeça para baixo numa das estacas de uma cerca.

É isso aí, ele disse, jogando o carneiro no banco de trás.

Às vezes você se sente sozinho aqui em cima?, perguntei.

Não tenho tempo para isso, meu chapa. Ando ocupado pra cacete.

E contudo toda aquela energia me parecia perigosa. Eu estava preocupado com Sheridan e me lembrei do seu livro sobre homens desabrigados, pinguços e durangos de Darlinghurst. Em metade das biografias que Sheridan recolhera com tanto amor, o pivô, o ponto crucial daquelas vidas tinha sido o momento em que "a patroa morreu" ou quando "ela me chutou pra fora". Você pode achar que foi por identificação que ele chegou a esses homens, mas o autoconhecimento não era o seu forte, como Clara logo estaria contando a quem quisesse ouvir.

Sheridan já dera a partida antes de eu entrar no carro.

Escute só, ele disse. E deu uma pisada rápida no acelerador. Beleza!

Você não tinha alguma coisa para fazer aqui?

Não, ele disse. Nenhuma obrigação, meu chapa, livre como um pássaro.

Ele estava empertigado no banco, com o olhar atento sobre o volante, à procura das pedras mais ameaçadoras, mas relaxou assim que chegamos à estrada.

Eu deixo você no Bar Coluzzi em uma hora e meia. Este é um carro fantástico na estrada.

A história ficaria ainda mais perfeita se a explosão tivesse ocorrido exatamente naquele instante, mas veio não menos do que vinte minutos depois, nos arredores de Blackheath. Foi um estrondo. Senti na barriga. O Mercedes deu uma guinada, estremeceu e parou violentamente.

Rápido, disse Sheridan, enquanto uma fumaça preta começava a sair de debaixo do capô. Saia do carro, rápido.

Depois entendi que ele havia imaginado que o motor

tinha pegado fogo, mas na hora me recusei a ser arrastado para fora do carro de um jeito tão enérgico. O tráfego já costurava um caminho em torno do Mercedes enfumaçado e ele não me largava, continuava me segurando pelo antebraço, enquanto eu tentava me desvencilhar.

Um ou dois minutos depois, Sheridan anunciou que não havia mais perigo de explosão. Insistiu em que eu empurrasse o veículo avariado para fora da estrada e lá, depois de me pedir primeiro para me afastar, levantou lentamente o capô.

Meu próprio irmão, que é mecânico, disse que nunca tinha visto nada igual em quarenta anos: a parede do bloco do motor parecia ter sido atingida por uma granada capaz de perfurar blindagens — havia um buraco recortado de cerca de oito centímetros de diâmetro.

Estou fodido, disse Sheridan.

Não queria dizer que o conserto ficaria acima dos seus meios, mas que a vida dele estava fodida. Não haveria mais sorte. Quando um caminhão de reboque parou atrás da gente, Sheridan olhou para ele com obstinação, por um instante, antes de lhe virar as costas largas. A motorista, uma mulher esguia e com a pele cor de azeitona, talvez de uns 35 anos, veio até nós, arregaçando a camisa de flanela xadrez conforme caminhava.

Nossa, ela disse. O negócio foi feio.

Muito obrigado pela porra do comentário, disse Sheridan.

Ela deu de ombros e contornou o carro.

Fique olhando, Sheridan resmungou. Ela vai me oferecer cinqüenta paus pelo carro. Odeio esses urubus.

Se ela o ouviu, não demonstrou. Virou a cabeça na direção da bagunça de livros amontoados entre o material de alpinismo. Você é professor?

Não.

Você lê livros?

O que você acha?

Também leio, disse a motorista do guincho, tão concentrada nos livros que nem parecia ter percebido a grosseria. Não tem muito mais coisa para se fazer aqui em cima, disse.

Demorou para Sheridan começar a entender que ela, se não estava exatamente lhe passando uma cantada, pelo menos abria-lhe o caminho para que ele pudesse passar uma cantada nela. Ele tirou o cabelo dos olhos, penteando-o para trás, e deu uma olhada nela. Sou escritor, declarou.

Numa imitação inconsciente, ela tirou o cabelo do rosto e imediatamente voltou a olhar para o interior do carro. Não dava para dizer que fosse bonita, mas era jovem e tinha olhos muito claros e desamparados.

Não é o seu livro ali dentro, é? Todas aquelas páginas.

São partes dele, admitiu Sheridan.

Ele não está tirando um sarro da minha cara?, ela franziu o cenho para mim, com veemência. Ele é mesmo um escritor?

Ele não está de sacanagem.

Dava para ver o que estava acontecendo ali. Menos de dez minutos se passaram e ela já havia ido até a cabine do caminhão para lhe mostrar sua cópia surrada de *Riddley Walker*, de Russel Hoban, e ele tinha lido para ela o primeiro parágrafo do seu manuscrito. E então ela nos propôs levar-nos até um ferro-velho em Lithgow para procurarmos um motor de Mercedes.

Você decide, Pete, ele disse.

Por que eu?

Você vai perder o seu almoço com Jack.

Levou uma hora para chegarmos a Lithgow e não havia nem sinal de Mercedes por lá. Nenhum dos dois parecia estar ligando. Vicki (era o nome dela) disparou com o caminhão de volta pela estrada até o desmonte All-Star Wrecking à entrada de Katoomba e durante todo esse tempo os dois foram gritando um com o outro para se fazer ouvir sobre o estrondo do motor. Nunca se viram duas pessoas com tantos livros em comum, e Sheridan já não estava belicoso e magoado, mas encantador, curioso e solícito. Eu não conseguia saber se estava sendo sincero ou se era só mais uma cantada de vaqueiro para levar a mulher para a cama.

Quando apertou a minha mão ao nos despedirmos na entrada da estação ferroviária de Katoomba, notei que sua aliança tinha milagrosamente desaparecido. Ele seguiu o meu olhar.

Estou separado, ele disse. Eu falei pra você.

CAPÍTULO VINTE

E nem um pio sobre gravetos de fogo, disse-me aquela voz já tão familiar. Você é demasiado obediente para estar nesse ramo de trabalho.

Você teria preferido que eu atormentasse o meu amigo, eu disse com sarcasmo, provocando um olhar abrupto da parte do outro único passageiro no vagão. O garboso cavalheiro estava aconchegado num canto, lendo o seu *Sporting Globe*. Vestia um terno cintilante e um chapéu colorido de *tweed*, desses que são apreciados pela irmandade do turfe.

Alguma vez já passou por sua cabeça, continuava o meu companheiro invisível, que para uma pessoa tímida você tem uma alta porcentagem de amigos que ficam pendurados em cordas ou estão se matando em algum hobby perigoso? Há algo muito psicológico nisso. Você é tímido demais.

Você acha que eu tenho medo de Sheridan?, perguntei.

Seria de bom senso temê-lo, mas eu sei por que você não mencionou o velho graveto de fogo.

Por quê?

Você morre de medo disso, não resta a menor dúvida.

E por que seria, você imagina?

Se você confrontar a maneira como os indígenas fazem fogo, vai ter de parar de promovê-los como filhos da natureza.

Não cabe a mim promover ninguém como coisa alguma.

Em todo caso, as provas são fortes contra um pensamento tão atraente. Basta chegarem e já começam a queimar. Fumaça, fumaça, sempre queimando. Graças a Deus que eles não tinham máquinas de terraplanagem.

Ah, você devia ler Flannery.

Li mais Flannery do que você leu De Selby e vou prová-lo. Flannery diz que eles aniquilaram todos os grande animais lentos e amigáveis. São como os maoris da Nova Zelândia, que exterminaram a moa* em cem anos. Matavam-nas aos milhares, só para comer as pernas e as coxas. Você concorda que isso não tem nada de ecológico. Mataram tantas moas que num instante ficaram reduzidos à fome e ao canibalismo. Ouça o meu conselho, vai ser muito melhor se você aceitar que os aborígines são tão humanos quanto nós.

Cala a boca um minuto, exclamei, e o cavalheiro do turfe dobrou o jornal e, sem dirigir um único olhar na minha direção, saiu andando para o outro vagão.

Ele foi denunciá-lo às autoridades.

Não vou dizer que os aborígines não afetaram o meio ambiente.

É claro que não. Como poderia? Mas basta você aceitar que os aborígines podem ter de fato causado estragos ao solo

---

* Ave extinta da Nova Zelândia. (N.T.)

para enfraquecer os seus argumentos contra as companhias madeireiras e de mineração. Esse é o âmago da questão. É por isso que você tem medo da lavoura de gravetos de fogo.

Você não poderia estar mais enganado. Se faziam a lavoura com fogo é porque tinham uma lavoura. Cultivavam a terra. E é isso o que os britânicos não podiam conceber...

Aí vem o cobrador.

... e se isso é verdade, então a ocupação da terra não foi apenas cruel, mas ilegal.

O cobrador me olhou com uma expressão penetrante e perfurou o meu bilhete com muito cuidado, antes de me devolvê-lo sem uma palavra.

CAPÍTULO VINTE E UM

Qualquer contador de escritório sabe que não dá para escrever sobre a Água sem comer peixe, e que não há melhor peixe em Sydney do que no Neil Perry's Rockpool Restaurant, e era lá que estávamos Kelvin e eu, comendo a *pearl perch** mais perfeitamente isenta de impostos, quando Clara ligou. Ainda não consigo entender como ela descobriu onde eu estava.

Telefonou para dizer que acabava de se encontrar com Sheridan, que a acusara de ter roubado as suas medalhas do Vietnã, e que havia ficado muito preocupada com o equilíbrio mental dele. Achava que ele podia estar com o filho caçula deles num daqueles prédios invadidos por desabrigados no final da Sussex Street, e implorou que eu fosse até lá e o encontrasse.

Mas Clara teve de esperar no telefone por cinco minutos, porque havia um terceiro conviva à mesa que não admitia que sua história fosse interrompida. Fix Neal era um homem alto, maior, mais largo e mais pesado que Kelvin. Tinha um pescoço grosso e mãos poderosas. Seus olhos eram pequenos e azuis, plenos de uma inteligência rápida e sarcástica.

Ainda não, ele disse ao garçom.

---

* Ao pé da letra, "perca-do-mar perolada" (*Glaucosoma scapulare*), peixe da costa leste da Austrália. (N.T.)

Estava contando uma história sobre uma conferência na cidade serrana de Tumut, com personagens aos quais nos referíamos simplesmente por seus títulos públicos: o primeiro-ministro e o ministro da Justiça.

Então, estávamos todos lá, ele disse, dando nome aos bois. Invadimos o pub com a nossa conferência e quando terminamos com toda aquela merda séria fomos até o bar e à uma da manhã o pobre coitado do taverneiro apareceu.

Por favor, senhores, já está na hora.

Todos o ignoram, de maneira que ele vai até o primeiro-ministro e lhe diz: Vou perder o meu alvará se ficar aberto.

O primeiro-ministro olha para ele de cima a baixo. Você não ia gostar que ele olhasse para você daquele jeito, Peter. Ele podia ser encantador, como vocês sabem, mas era um canalha durão.

Onde está o seu alvará?, ele pergunta ao taverneiro.

Ali, atrás do bar.

O alvará está perfeitamente emoldurado e "à vista", como exige a lei.

Me dê isso.

O taverneiro hesita, mas em seguida tira o quadro da parede e o dá ao primeiro-ministro, que o estraçalha sobre o balcão. Voa vidro para tudo que é lado.

Ô, Bawbles, o primeiro-ministro chama o ministro da Justiça. Ô, Bawbles, você tem uma caneta, colega?

Tenho, colega.

Por favor, endosse o alvará deste cavalheiro.

Então, o ministro da Justiça tira o documento oficial da moldura estraçalhada e o apóia com cuidado numa parte seca do balcão. E aí ele escreve: "Este estabelecimento está autorizado a ficar aberto da meia-noite até as seis da manhã". Põe a data e assina, fulano de tal, ministro da Justiça.

E todo mundo fica acordado, bebendo até altas horas.

No dia seguinte, quando já estamos de saída, o primeiro-ministro vira-se para mim ao me ver entrar no carro.

Você pôs aquele alvará de volta no lugar, Fix?*

Está no lugar, colega. Arrumadinho.

Fix riu. Era ele o sujeito que consertava as coisas. Tinha posto o alvará em ordem. Todos rimos. E talvez isto seja o que eu não deveria confessar: *gostávamos* desse comportamento irresponsável. Gostávamos dessa indisciplina e se às vezes suspeitávamos de que nossos líderes fossem um pouco criminosos, pelo menos eram nossos criminosos.

Isso é Sydney, colega, cuspida e escarrada, disse Fix. É um lugar duro.

Senhor, interrompeu por fim o garçom.

Um lugar muito duro, continuou Fix. E ele era um canalha durão, tinha de ser primeiro-ministro. Uma vez ele me

---

* *Fix* quer dizer "consertar", "arrumar", em inglês. (N.T.)

disse, depois de alguém tê-lo esfaqueado pelas costas: Não sei por que ele me espetou, nunca lhe fiz nenhum favor. Está vendo, Peter? Está entendendo? O sujeito que aceita o favor fica enfraquecido.

Senhor?, disse o garçom.

Dá o fora daqui, porra, disse agressivamente o heterossexual Fix, flertando e ameaçando ao mesmo tempo.

O garçom era alto e esguio e muito, muito bonito. Olhou para Fix de cima a baixo, a camisa amassada, a barriga saliente. Telefone, ele disse por fim.

Só Deus sabe o que foi dito enquanto eu falava com Clara, mas cinco minutos depois eu já tinha pagado a conta e estávamos do lado de fora debaixo da garoa. Fix relutara em deixar a mesa e agora tentava nos convencer a não ir até o prédio invadido por desabrigados.

Você não faz idéia do que é aquilo, ele disse. Você não sabe que espécie de parasita vive ali. É o filho drogado ou o filho Capitão Planeta?*

É o Capitão Planeta, disse Kelvin, mas vou ser honesto com você, Fix, não acho que tenhamos escolha.

E foi assim que, com o início da chuva na noite da véspera do dia comemorativo da Força Expedicionária da Austrália e da Nova Zelândia, três homens de meia-idade se viram esca-

---

* Super-herói ecológico. (N.T.)

lando uma janela do andar térreo de um prédio havia muito demolido. As escadas fediam. Estavam muito escuras e eram quase intransponíveis graças às pilhas de caixilhos de janelas, arquivos, divisórias de escritório e Deus sabe mais o quê. No lance do quinto andar, as tábuas do piso haviam sido removidas e só dava para continuar até o telhado, onde diziam que Sheridan ocupava o apartamento do zelador, caminhando por uma única prancha.

O que a gente está fazendo é uma tremenda burrice, disse Fix.

Foi quando me ocorreu que os meus companheiros, ambos grandes e com seus ternos amarrotados, pareciam muito com policiais, e esse pensamento não me acalmou.

CAPÍTULO VINTE E DOIS

Encontramos o esconderijo no telhado do prédio abandonado de oito andares, a casa do antigo zelador, como um daqueles barracões suburbanos feitos de amianto. O filho de 1,80 metro de Sherry estava diante da porta aberta.

Pai, sai da chuva. Uma luz passou pelo telhado preto e molhado, revelando Sheridan, sem camisa e peludo, ajoelhado no parapeito escorregadio, olhando lá para baixo, dentro da noite.

Pai? Como um surfista descalço atravessando um doloroso estacionamento, o garoto caminhou vacilante para dentro da chuva. Tinha os pés compridos e finos e os cabelos louros esbranquiçados da mãe holandesa.

O que é que você está vendo, pai?

O cabelo e a barba de Sheridan estavam molhados e emaranhados. Ele apontou entre os fios da chuva. *Chook*, ele disse.

O filho pôs o braço em torno dos ombros nus do pai e os dois olharam juntos para baixo.

Sabe por que chamamos as galinhas de *chook*? Vem do gaélico, você sabia?

Enquanto olhávamos, uma mulher apareceu na porta. Tinha uma echarpe enrolada na cabeça e um sarongue amarrado entre os seios. Não sabia quem era até ela falar, pois ao ouvir aquela voz rouca logo reconheci Vicki, a motorista do caminhão-reboque. O que vocês dois estão fazendo, seus pilantras?, ela perguntou.

Quando ela se aproximou do parapeito, Sheridan rapidamente se levantou para impedi-la, mas ela se esquivou e passou sob os braços abertos dele, indo descobrir o que tanto interessava o garoto louro.

Oh, ela exclamou penalizada. Oh, não. A minha galinha.

Ela está viva, disse Sherry, aproximando-se dela. Não está machucada.

Você é um sabe-tudo do cacete, não é Sherry?, Vicki exclamou, virando-se para ele. Não sei por que fui confiar em você.

Sheridan começou a dar tapinhas no ar.

Meu amor, vou salvar a galinha, não se preocupe. Você precisa confiar em mim, por favor.

Você é um velho charlatão, Vicki exclamou. Fique longe dela.

Pelo amor de Deus, não fale assim, protestou Sheridan, você não sabe o mal que me faz.

Foi nesse momento delicado que Fix tomou a dianteira, e nós fomos atrás dele.

Olá, Fix, disse Sheridan. Ele cumprimentou a mim e Kelvin com um movimento de cabeça, antes de se debruçar de novo sobre a amurada do prédio. Ali, sob o luminoso vermelho e intermitente do restaurante chinês Cho-How Dumpling

House, pude ver o que parecia um trapo amassado e enovelado no parapeito encardido de uma janela do andar de baixo. Era uma galinha.

Pai, você está de porre, disse Jason. Você não pode descer pela corda de porre.

Eu nunca disse nada a respeito de corda nenhuma.

E ainda por cima com uma garrafa de vinho, completou Jason. Por favor, meu chapa, não faça isso comigo.

Todo mundo ficou bem calado.

Tudo bem, disse Fix. Alguém tem uma sugestão?

Quem diabos é esse cara?, Vicki perguntou.

Sou o Fix, querida, e não é à toa que tenho esse nome do cacete.

Ele tirou o baldinho de plástico com a ração de grãos das mãos de Sheridan. Me arrume um barbante.

Enquanto o filho foi lá dentro, Fix tirou um canivete suíço do bolso e fez uns furos no balde. O filho voltou com um novelo de barbante que Fix cortou e depois enfiou pelos furos.

Vicki assistia a tudo com os braços cruzados sobre o peito.

Você está achando que a galinha vai pular aí dentro?, ela perguntou.

Fix abriu o mesmo sorriso que o vi conceder ao garçom no Rockpool. Observem, ele disse.

Isso não vai dar certo, Kelvin sussurrou. Ele está bêbado.

Você cale a porra dessa boca, disse Fix.

Fui eu quem se ajoelhou ao lado dele enquanto ele descia o balde pela borda norte do vão central. Do lado sul, os outros se amontoavam sob o chuvisco, com os rostos pálidos iluminados pelo luminoso intermitente.

Pare, gritou Sheridan. Você está bem em cima dela. Desça talvez mais uns quinze centímetros.

Dez centímetros.

Ela está com a cabeça no balde, disse Jason. Está ciscando.

Puxe agora, você não vai ter outra chance.

Não puxe.

Deus do céu, disse Fix, dando um puxão na linha. Agüente aí, Pete.

Ela vai cair, gritou Vicki.

Eu estava ajoelhado no parapeito, um lugar não muito indicado para quem tem vertigem.

Ela vai cair, porra.

Eu estava com as calças do terno que havia comprado na Barney's, em Nova York, mas não parecia haver outra escolha a não ser me deitar no telhado imundo. E lá vinha a galinha, como um rebento revirado, com a cabeça para baixo e a bunda para o alto. Só o impulso pôde mantê-la nessa posição e, conforme subia, balançando e batendo na parede, lutava para pôr-se novamente de pé. Cerrei os dentes e, quando estiquei o braço na direção dela, ela se atirou. Eu a agarrei, a perdi e depois a segurei pelo pé.

Recuei de gatinhas, a arrastá-la para a sua salvação, e quando me virei ela desferiu uma bicada no meu pulso.

Merda!

A galinha se soltou, bateu asas na direção do precipício da morte e depois saiu correndo pelo telhado rumo a um monte de estrume, me deixando sozinho com sangue escorrendo pela palma da mão.

Para a minha grande irritação, vi que Fix estava rindo de mim. Está vendo, ele disse, está vendo? A camarada Galinha.

Cale a boca, Fix.

Você fez um favor à camarada, ela tinha de bicar você. É uma galinha de Sydney, desencana.

Muito engraçado, eu respondi.

Vamos lá, ele disse, me levantando.Você acha que o velho Capitão Planeta pode ter um baseado para nos oferecer?

CAPÍTULO VINTE E TRÊS

Alguns dos lugares mais extraordinários onde morei são terras ocupadas por gente popularmente conhecida como malandros esmoleiros. Estou pensando particularmente nos meus anos na Browns Creek Road, em Yandina, que não era exatamente uma comuna mas com certeza uma comunidade hippie. Ali eu morava à beira de uma mata tropical, numa bela cabaninha, e à minha volta os vizinhos cultivavam seus jardins no frio das manhãs e, nas tardes quentes, saíam para nadar numa piscina natural de pedra no alto de uma cachoeira. Não estou dizendo que era perfeito, mas mesmo quando éramos importunados pelo fiscal da companhia construtora Nambour ou acossados pelas ameaças da notória gangue de traficantes de Queensland, bastava pegar o carro e em meia hora de estrada estávamos nas praias extensas e calmas da Sunshine Coast.

Por todos os lados da costa leste da Austrália, vários amigos meus levaram vidas semelhantes (e não exatamente tranqüilas), mas sempre no meio de belezas naturais insuperáveis, pelas quais o salário de um emprego fixo não podia pagar.

E, no entanto, foi só quando atravessei o telhado daquela espelunca e vi toda Darling Harbour a se descortinar aos meus pés que finalmente caiu a ficha: os hippies e seus sucessores têm um ótimo faro para os imóveis. Aquele lugar valia 1 milhão de dólares.

Havia uma espécie de varanda ou terraço do lado oeste do apartamento do zelador. Jason e um outro personagem temporariamente ausente chamado Moosh forraram o piso com um mosaico abstrato de cacos de azulejos e pratos. O trabalho agora estava subindo pelas paredes e tomando a forma azul-claro e amarela da representação de uma enseada de areia. Na varanda, havia uma grande mesa de plástico branco (que lembrava algo de Saarinen) e oito cadeiras de vinil vermelho com pequenos defeitos de fábrica que foram jogadas fora pelo Cho-How Dumpling House. Os ocupantes do prédio tinham feito algo que daria para achar encantador numa praia de Queensland ou em Bali, mas ali essa ilusão era confrontada com o prédio alto e feio de tijolos amarelos do outro lado da rua. Os donos daqueles apartamentos caros podiam ou não ter ficado espantados com a galinha e/ou com os agricultores orgânicos no telhado ali embaixo. Jason, é claro, tinha *certeza* de que eles estavam *permanentemente* espantados. Ele se deleitava, abraçando a si mesmo e esticando os bíceps bronzeados.

Você devia vê-los, colega, ele disse. Venha às sete da noite. É quando estão todos falando nos seus celulares e olhando para a gente aqui embaixo. Imagine só o que deve passar pela cabeça deles!

Capitão Planeta! Nunca teve dúvidas de que o seu monte de estrume causava um imenso constrangimento aos vizinhos yuppies.

Se o intuito era desafiar os seus inimigos, não podia ter achado um lugar mais adequado, pois em toda Sydney seria difícil encontrar um lembrete mais incisivo da força fascinante da sua oposição. O poder dos yuppies tinha se instalado aqui antes dele, com uma vista que não era apenas *horrível*, mas o *horrível* elevado a uma altura vertiginosa e a uma amplitude nauseante, um panorama do *horrível*, um *horrível* caótico e anárquico de tal exuberância e densidade que chegava a ser (não totalmente, mas quase) bonito.

Foi para alimentar o crescimento dessa orla que construíram o feio monotrilho, para que tivéssemos de padecer dessa incrustação num trecho da baía que, numa outra concepção urbana, poderia ter sido usado como pulmão, como uma forma de trazer ar e água para dentro do coração da cidade.

Aqui os políticos da poluição e os especuladores imobiliários repartiram o bolo com prazer. Não é difícil imaginar que todos eles estavam determinados a fazer algo único. Construíram estruturas com telhados elevados como tendas, cones azuis cintilantes que seriam considerados ficção científica vinte anos atrás. Isso foi na orla de Chinatown. Então fizeram jardins chineses, parques de diversões, aquários. Era Coney Island com bons restaurantes. O filho bastardo de Cor-

busier e Ronald McDonald. O século xxi com os Jetsons passando a mil pelo monotrilho, indo degustar um filé de peixe-de-são-pedro com uma taça — digamos uma garrafa — de vinho branco gelado. A maldição de Botany Bay tinha passado. E aqui estava a prova — isto aqui já não era o cu do mundo.

E olhe que antes fora a cloaca, o depósito de lixo, o porto, a água imunda, o curtume, os galpões e as fábricas, e os empreendedores devem ter achado que estavam eliminando tudo isso de vista. Eles não mantiveram aqueles depósitos georgianos na margem oeste? E de qualquer jeito, a despeito do que Jason e seus amigos pudessem dizer, não havia conspiração. É verdade que Laurie Brereton, uma ministra de Estado do governo trabalhista, defendeu com tanta determinação a implantação do monotrilho que já não importava quantos vencedores do prêmio Nobel tinham marchado do nosso lado nas ruas, nenhum cidadão podia parar aquela coisa. Era uma conspiração, disse Jason, mas uma conspiração requer um plano e isto foi mais como a corrida do ouro do Regimento do Rum. Aqueles trilhos suspensos lá embaixo não foram projetados por ninguém ligado ao, vejamos, IMAX* da Panasonic bem em frente à orla. É verdade que tem um aspecto de parque de diversões parecido, uma animação parecida, uma vibração, uma energia — e isso é ruim? Que o Programa de Proteção às Testemunhas da Polícia tenha

---

* Sala de cinema com tela e projeção de 180 graus. (N.T.)

acabado sendo vizinho do IMAX, que tenha janelas de vidro fumê como a limusine de um traficante, que se aninhe confortavelmente no monotrilho, talvez não signifique nada além de que esta cidade é tão orgânica quanto um recife de coral, com todos os habitantes se aglomerando numa complexa intimidade. Talvez devêssemos rezar para que o Central Business District pudesse atingir afinal esta mesma massa exibicionista do horror, esta densidade de cúpulas, cones, vias expressas, pontes, fantasia, para que por fim pudesse emitir uma energia luminosa e exótica, como a das ruas de *Blade Runner*, sem, graças a Deus, a chuva para estragar o nosso verão.

Estava na cara que Jason tinha muito orgulho da sua casa. Ele preparou uma pasta de guacamole muito saborosa e trouxe cervejas geladas para a mesa.

Perguntei-lhe se achava a vista bonita.

Está destruída pra cacete, né? Mas o jeito como sorriu e apoiou os pés no parapeito parecia tão celebratório quanto crítico. Daqui eu tenho a vista da primeira fila, ele disse.

É aterrorizante, disse Vicki. Se é que ela havia ficado brava com Sheridan a respeito da galinha, aquilo já tinha passado.

O que é aterrorizante, Vicki? A voz de Fix tinha um tom impaciente. Ela se mostrava afável em relação a ele, mas ele (*Quem diabos é esse cara?*) agora estava empenhado contra ela.

Todos devíamos ficar aterrorizados, Jason falou de pronto. Você olha para todas essas construções e pode imaginar o

215

que eles vão fazer em Cockatoo Island agora que a abriram para quem quiser se apossar dela.

Eles?, Fix perguntou, levantando as sobrancelhas. *Eles* quem, porra?

Sheridan se inclinou para a frente e pôs a mão no ombro de Vicki, ao mesmo tempo que se dirigia a Fix. A gente sabe que você trabalhou para Laurie Brereton, colega. Mas não o estamos acusando pessoalmente.

Fix apertou os olhos. Talvez ELES construam uma ópera, ele disse. Vocês agem por ação reflexa. Não fazem a menor idéia do que é preciso para se conseguir fazer as coisas.

Jack Ledoux está trabalhando em projetos de construção para Cockatoo Island, disse Kelvin. Isso já é uma vantagem.

Dá um tempo, Kelvinator, gemeu Fix. Jack é um artista, colega.

Vicki levantou a cabeça e fitou aquele homem largo e pesado de camisa branca e gravata frouxa no pescoço. Você faz isso soar tão sujo, ela disse. Me dá arrepios ouvi-lo falar.

Querida, conheço Jack há vinte anos. Pode ser um bom sujeito, mas é um punheteiro. Nenhum governo vai deixá-lo decidir sobre os rumos de um empreendimento imobiliário de 1 bilhão de dólares.

Podia ser Utzon, e você estaria chamando *ele* de punheteiro.

Fix tomou um trago da cerveja. Olhem, vocês todos são muito críticos de tudo. Olham para Darling Harbour e dizem:

Oh, que horror! Que coisa mais ANTIESTÉTICA. Mas agora me diga, Jason, por que você mora aqui? Vou dizer por quê. Porque esta vista é fabulosa. O lugar é sensacional. Está bem, eu sei, está destruído, Jason, mas é uma cidade, colega, e está cheia de vida. É uma cidade do mundo e as únicas cidades de que você gosta não passam de umas porras de vilarejos campestres.

Olhe, disse Jason, está vendo Cockle Bay* lá embaixo? Aquilo não lhe diz que alguma coisa se perdeu? Já não tem mais muito a ver com amêijoas.

Deus do céu, salve-me da esquerda ecológica!, exclamou Fix, com a cabeça entre as mãos.

Pega leve, colega, disse Kelvin.

Quer saber de uma coisa, Jason? Sem querer ofender, colega, estou enjoado e de saco cheio das estrumeiras dos aborígines.

Sheridan, incomodado, mudou de posição e pôs a mão no braço de Vicki. É o pessoal dela, ele se apressou em dizer.

Me virei, de súbito, para olhar para Vicki. Ela captou o meu olhar e me fitou também. Você não me tomava por uma negra, não é?, ela perguntou.

Não, não tinha notado.

Mas estamos em toda a parte, entre vocês, ela tomou um gole de cerveja. Lendo *livros*, dirigindo *caminhões-reboque*.

---

* Baía das Amêijoas. (N.T.)

Sem essa!, disse Sheridan, Peter é legal.

Ah, eu também sou legal, disse Vicki, cheia de amargura. Sou uma verdadeira motorista de caminhão, uma koori pósmoderna.

E então onde fica a sua terra, Vicki?, Fix perguntou, com os olhos azuis brilhando.

Cala a boca, disse Sheridan. Ela não tem terra droga nenhuma. Roubaram dela.

Obrigado, Sherry, mas posso falar por minha conta e tenho uma terra, sim, Fix. Fica lá para os lados de Moree.

Ela foi tomada dos pais, explicou Sherry.

Vicki lançou um olhar fulminante para Sheridan, deixando bem claro que não era para ele revelar essa informação. Pareceu que ela fosse falar, e aí desistiu.

No hiato desconfortável que se seguiu, Kelvin trouxe mais cervejas e Vicki enrolou um cigarro. Depois todos ficamos olhando uma ambulância entrar na cidade pelo Complexo Viário do Oeste.

Escutem, disse Vicki por fim, não quero falar dessa merda.

Não fui eu que puxei o assunto, disse Fix.

Vicki levantou a cabeça e o fitou com seus olhos negros e intensos. Não dá para você puxar um assunto que já estava aí. Mas no minuto em que você descobre que sou uma koori, não vai perguntar: Ah, e o que você acha do novo romance do

David Malouf? Em vez disso, vai dizer: Onde fica a sua terra?, como se soubesse o que isso significa.

Desculpe, disse Fix.

Vicki anuiu com a cabeça e massageou a testa. Tinha uma única ruga pequena logo acima do nariz. Tive um mãe branca como as de vocês. E um pai branco, um velho e autêntico combatente, com quem marchei em todas as paradas da Anzac até ele morrer. Mas cresci sem saber que tinha uma mãe e um pai negros. Não sabia nem mesmo que era uma koori, e agora parece que isso tem de ser a única coisa interessante em relação a mim.

Não foi o que eu quis dizer, disse Fix.

Não tem problema, não se preocupe. Ela se levantou e pegou o pacote de fumo e os fósforos. Amanhã é dia da parada da Anzac. Sherry e eu precisamos acordar cedo para a Campanha Matutina.

Posso ir com vocês?, Fix perguntou de repente.

Como quiser, disse Vicki. E desapareceu no interior.

CAPÍTULO VINTE E QUATRO

Se com dezoito anos eu tivesse me visto mais velho na Campanha Matutina da parada do dia da Anzac, teria, se não chorado de decepção, ao menos gozado e xingado o homem que me tornei.

Aos olhos daquele rapaz de dezoito anos, o dia da Anzac era comemorado por homens que odiavam os asiáticos e adoravam a rainha da Inglaterra, racistas, monarquistas, homófobos, soldados uniformizados que viam em jovens de cabelos compridos como ele um emblema do inimigo. O dia da Anzac significava a Liga dos Veteranos e os clubes de combatentes e aquele momento único de todo o dia alcoolizado quando uma voz lúgubre masculina entoava o hino LEST WE FORGET (JAMAIS NOS ESQUEÇAMOS) e a cerveja cessava de correr e as máquinas de pôquer faziam silêncio em homenagem aos mortos.

Podia ter gozado e temido os reacionários da Liga dos Veteranos, mas como um adolescente com opinião para tudo sabia que a questão era mais complicada. Meu coração entrava facilmente em rebuliço com a história de Galípoli.* Meu próprio pai não lutou em nenhuma das duas grandes guerras,

---

* Cidade turca nos Dardanelos, objetivo da expedição aliada de 1915, de que participaram as forças da Austrália e da Nova Zelândia. (N.T.)

mas amigos da família sofreram os horrores da Ferrovia Birmanesa, da Prisão de Changi e da Trilha de Kokoda. A estrada à entrada da nossa cidadezinha era margeada por uma imponente alameda de plátanos, cada um deles trazendo o nome de um menino ou homem do lugar que tinha perdido a vida na guerra. Era o local mais bonito de toda a cidade e não dava para passar de carro por ali sem pensar na razão da presença daquelas árvores. "Os japoneses", minha mãe dizia, "estão vindo para pegar o meu bebezinho." Por que eu não deveria acreditar nela? E eu mesmo não brinquei, no pátio da Escola Pública Estadual número 28, com o dinheiro que os japoneses já tinham pronto para o dia em que o nosso país fosse deles? E nós não dançávamos em casa, seguindo os passos no chão e cantando "*Step on a crack and break a Jap's back*"?*

Mas aí vieram os anos 60 e o Vietnã e a Liga dos Veteranos continuava lutando a mesma velha guerra asiática. Ouvíamos o temor e o ódio que sentiam em relação aos japoneses e não conseguíamos ver nada além de simples racismo. Aos dezoito anos, eu começava a tomar consciência de alguns dos segredos mais sangrentos do meu país. Participei de protestos contra a Guerra do Vietnã e a política da Austrália Branca. Militantes aborígines como Charles Perkins prosseguiam a longa luta pelos direitos humanos dos negros australianos.

---

* "Saia do compasso e arrebente as costas de um japa." (N.T.)

Nesse clima, a Austrália ficou amargamente dividida, e a Liga dos Veteranos, guardiães e administradores da parada do dia da Anzac, permaneceu à direita. Os seus membros eram os míticos soldados, mas agora tinham se tornado meus inimigos. Não conseguia ver que eles também eram eu. Não sabia que a história é como uma mancha de sangue que continua exposta na parede da casa a despeito do número de novos moradores que dela tomam posse, a despeito de quantas mãos de tinta passam por cima dela.

Ano após ano, os velhos combatentes penduravam suas medalhas e, às quatro e meia da manhã, na mesma hora em que a Força Expedicionária da Austrália e da Nova Zelândia desembarcara na costa turca, depositavam suas coroas de flores nos monumentos lúgubres aos mortos da guerra, e em seguida marchavam e depois iam beber, o que para muitos acabava transformando a marcha em cambaleios, conforme deambulavam belicosos e sentimentais pelas ruas. Não fazíamos idéia do que tinham visto ou feito, e também não queríamos saber. Eram a velha Austrália, homens brancos com nomes como Smith, Bennett, Kelly e McGrath, e a cada ano eles ficavam mais velhos e nós aguardávamos o dia em que o último morreria e então, imaginávamos, o dia da Anzac feneceria e dele nada restaria além de umas estátuas lúgubres em cidades do interior e o grande cenotáfio de granito na Martin Place. A Guerra da Coréia, é claro, era responsável por uns tantos novos participantes, e o Vietnã veio coroar a multidão, mas no ano 2000, na manhã em que Vicki estacionou a sua perua na Bligh Street, só havia 31 sobreviventes da batalha travada contra os turcos em Galípoli. Eu estava com 57 anos, finalmente velho o bastante para homenageá-los.

Kelvin estava com uma aparência cabisbaixa e derrotada, como seria de esperar de um homem casado que passou a noite fora e já não encontra nenhuma explicação razoável para o seu comportamento. Fix e eu não estávamos muito melhor, mas Sheridan estava vestido com um terno preto alinhado, ostentando duas medalhas do Vietnã no peito. Eu nunca tinha visto aquelas medalhas antes. Não me surpreendia que ele as tivesse ganhado, mas que as estivesse usando. A minha opinião em relação ao serviço de Sherry no Vietnã tinha sido formada havia muito, muito tempo, durante todas aquelas horas fedorentas em que ele manteve os pés no radiador de aquecimento, espalhando o eczema rosado graças ao qual tinha certeza de poder se livrar da convocação.

Vicki ia ao lado dele, num terno preto cintilante, com as medalhas do pai adotivo no peito. E na lapela direita ela usava um grande emblema dos Direitos Territoriais Aborígines.

Ainda não havia amanhecido quando me dei conta de que o dia da Anzac não era algo que esmorecera. Havia adolescentes, jovens casais de vinte anos, tantos que, embora tivéssemos nos levantado às três e meia, não conseguíamos abrir caminho até a Martin Place. Não conseguíamos ver o cenotáfio ou os dignitários que presidiam o evento.

Em 1967, Fix foi parar na prisão por ter queimado seu atestado de reservista. Kelvin e eu éramos velhos demais para sermos convocados por sorteio, mas ele havia sido membro ativo do Comitê pela Suspensão da Guerra do Vietnã, em Sydney (assim como antes eu o fora em Melbourne). Não sei exatamente o que os meus amigos sentiam agora, mas eu certamente estava pronto para fazer as pazes com o passado.

Foi quando dei uma olhada no programa impresso. E tenho certeza de que o que senti vai parecer desarrazoado.

4h30. Mestre-de-cerimônias Leon Becker, marechal-do-ar.

Hino: "Enfrente Comigo"

Orador: Capelão-mor

Discursos: Comandante Blablablá. Patrono: Sua Excelência, o digníssimo Gordon Samuels, da Força Aérea, governador da Nova Gales do Sul, irá proferir as palavras de inauguração.

Tudo em relação àquela linguagem me deprimia. Era como subir de elevador num prédio antigo e sentir o cheiro de baquelita nos sinais luminosos, o cheiro da Austrália em 1955.

Irá proferir as palavras de inauguração.

Ai, que povo mais desprovido de charme.

Sua Excelência, o digníssimo.

Puxa-sacos da realeza!

O patrono irá depositar a coroa de flores da Legião Australia-

na no cenotáfio. Seguindo-se imediatamente a apresentação dos representantes oficiais.

Ai, nação de contabilistas e superintendentes dos Correios, então é essa a nossa grande história? Os nossos poetas estão nas cadeias?

Agora que a aurora se prepara para transpassar a noite, que a memória destes nos inspire a levar a nova luz aos cantos escuros do mundo.

Que nova luz?, pensei enquanto ouvia aquela voz enfadonha e obtusa pelos alto-falantes. De que cantos escuros eles estavam falando?

O patrono irá depositar a coroa de flores da Legião Australiana no cenotáfio.

E aí, por incrível que pareça, a banda desatou a tocar "God Save the Queen".

Deus, murmurou Fix. Isso não.

Cala a boca, disse Vicki, furiosa. Os olhos dela estavam dardejando. Calamos a boca. Mas Vicki não cantou "God Save the Queen". Poucas pessoas cantaram.

Sai o Destacamento do carro fúnebre. Saem as tropas. Encerramento da cerimônia.

AVANTE BELA AUSTRÁLIA.*

A multidão obedeceu. Cantaram "Advance Australia

---

* "Advance Australia Fair", hino nacional australiano. (N.T.)

Fair", que, se não me engano, é considerado o nosso hino nacional. Embora a letra esteja recheada de mentiras e erros factuais, além de não ser, nem nunca ter sido, a nossa canção de verdade. A nossa canção de verdade fala do sertanejo que roubou uma ovelha e preferiu se suicidar a ser preso. Não conta mentiras sobre o nosso solo estéril nem nos exalta como jovens e livres, mas é a canção que fala aos nossos corações. Não foi escrita em Sydney, mas seu espírito nasceu onde estávamos reunidos naquele momento, com o Tank Stream correndo como um segredo imundo debaixo dos nossos pés. "Waltzing Matilda" é a canção que não conseguimos encobrir ou eliminar, o modelo que congrega até aqueles que se sentem além dele. O passado nunca morre, escreveu William Faulkner, não chega nem a ser passado. É em "Waltzing Matilda" que estamos mais bem representados. Não temos uma Estátua da Liberdade, mas quando cantamos, quando por conseguinte habitamos pela imaginação o mundo de "Waltzing Matilda", somos todos pobres e oprimidos. Não é uma canção de triunfo, mas de empatia. Ela nos cai bem. Podemos estar certos de que os homens que morreram em Galípoli amavam essa canção, e não é só a Liga dos Veteranos, que é demasiado envergonhada, cerimoniosa e burocrática para se lembrar disso.

Depois da cerimônia, nós cinco caminhamos bem devagar pelas ruas com nomes de primeiros-ministros e oficiais da marinha britânica, passamos pelos dois grandes prédios do governo, o maior deles nomeado em homenagem a Phillip, o menor em homenagem a Macquarie, e seguimos de carro pelos cais de Woolloomooloo, para além da entrada das docas da marinha de Garden Island, e ladeira acima até chegar à Macleay Street e a uma parte de Sydney que esperávamos ainda estar acordada. Mas Kings Cross às seis da manhã não era um local aprazível, e se havia alguma agitação ou glamour barato que o lugar costumava tirar das drogas, dos criminosos e da prostituição, já não estava à vista àquela hora. E ainda assim o Bourbon and Beefsteak estava aberto e rapazes e moças com jeans sujos saíam para a rua, cambaleando pela porta larga.

Vamos lá, disse Fix, vamos comer um bife com ovos.

Não, disse Kelvin, a comida é uma bosta.

Mas fomos nos deixando levar, incertos, até a entrada onde um leão-de-chácara ameaçador indicava a uma mulher aos prantos a direção da rua. No subsolo, havia uma banda tocando, mas nos desviamos para o restaurante, que era decorado com um incongruente bricabraque de aspecto britânico, incongruente porque o proprietário do Bourbon and Beefsteak era um ex-oficial do serviço secreto da marinha americana, um sócio do Nugan Hand Bank, que serviu de fachada para a CIA assumir um papel ativo na desestabilização do nosso governo eleito em 1975.

Vamos embora, disse Kelvin. Vamos subir a rua até o Bar Coluzzi.

Colega, isto aqui é o complemento perfeito para o dia da Anzac.

Como assim?, perguntou Vicki.

Em 1915, demos o nosso sangue aos britânicos; passados exatamente sessenta anos, sacrificamos o nosso governo aos americanos. Este é um dos lugares onde a ação foi realizada.

O serviço é ruim e a comida é um nojo. Nem a Máfia ia querer comer num lugar desses, disse Kelvin, olhando em volta para os clientes desamparados, que haviam sido abandonados sem nenhum outro consolo além de um menu plastificado e um copo de água morna.

Tomamos a nossa água. Examinamos os nossos menus. Meia hora depois, ainda sem termos feito o nosso pedido, deixamos o Bourbon and Beefsteak e caminhamos pelas ruas molhadas numa busca briguenta por um café da manhã.

O Bar Coluzzi, um lugar onde normalmente poderíamos encontrar muitos dos nossos amigos, estava fechado. Por isso, acabamos no Tropicana, bem do outro lado da rua, onde nós cinco comemos ovos com bacon, conversamos, tomamos café, assistimos à televisão e tomamos mais café. Mas por mais café que eu tenha tomado, não consigo chegar a um número suficiente de xícaras para justificar a minha lembrança de que foi na televisão cheia de chuviscos do Tropicana que vimos aparecer

John Howard.* Estava quase amanhecendo em Galípoli e lá estava ele, ao lado do primeiro-ministro turco e milhares de jovens australianos que viajaram para evocar os mortos em solo turco.

Foi no Tropicana, sem a menor dúvida, que vimos o nosso primeiro-ministro falando. Nós o ouvimos dizer que hoje éramos amigos dos turcos. Esse acontecimento distante viverá conosco para sempre. Foi um acontecimento fundador da nação, e pela primeira vez, por um breve instante, não o senti como meu inimigo.

Olhei para Vicki e vi as lágrimas mareando os olhos dela, e foi só ali que entendi a amarga ironia daquele momento.

O nosso primeiro-ministro podia abraçar e perdoar o povo que matou nossos pais e filhos queridos, e estava certo, mas não podia, e não iria, pedir desculpas aos aborígines por duzentos anos de assassinatos e abusos. A batalha contra os turcos, ele disse em Galípoli, foi a nossa história, a nossa tradição. A guerra contra os aborígines, ele já havia dito isso em casa, ocorreu há muito tempo. A batalha tinha nos constituído, mas a guerra que conquistou o continente ficava melhor no esquecimento.

Ao ouvir o primeiro-ministro falando, Vicki curvou a cabeça e começou a procurar algo na bolsa. Pensei que estivesse à cata de um lenço de papel, mas em vez disso tirou de dentro da

---

* Primeiro-ministro do Partido Liberal australiano, tomou posse em março de 1996. (N.T.)

bolsa uma tesoura de unhas fininha. Quando acabou de remover as medalhas do paletó, seus olhos ficaram curiosamente frios. Com muito cuidado, quase com deferência, ela tirou as fitas de cada uma das condecorações e as picotou em tiras tão finas quanto um cordão.

Nós, que éramos velhos homens brancos, não demos um pio. O que podíamos dizer? Observamos ela arrebatar as tiras com a mão aberta e despejá-las num copo de isopor.

Sheridan olhou para as suas próprias medalhas.

Não faça isso, disse Fix.

As grandes mãos de Sheridan bateram nas medalhas como se ele planejasse fazer o mesmo.

Não, disse Vicki. Por favor, não faça isso.

CAPÍTULO VINTE E CINCO

Como posso esperar transmitir aos leitores a minha idéia de Sydney? Nunca vi nada que se iguale no que diz respeito a paisagens de baías, nem no que se refere ao particular relacionamento entre as raças, ou à tolerância fácil do crime e da corrupção, nada que se compare à mistura familiar que você pode testemunhar todas as manhãs na calçada do lado de fora do Bar Coluzzi, quando juízes e escritores e as eufemisticamente denominadas "vívidas identidades em competição" se reúnem alegremente ao sol, sentindo-se de certa forma como se estivessem no centro nevrálgico da cidade. Nas paredes do interior do bar, vêem-se fotografias de George Foreman, Clive James e Claudia Cardinale.

Jack Ledoux não se descreveria como fazendo parte de grupo nenhum, para não falar daquele ali, mas era um freqüentador do Bar Coluzzi e foi ali que nos encontramos para nos despedirmos no dia da minha partida.

Àquela altura eu já não tinha nenhuma esperança de que me contasse a sua história, mas estava feliz de encontrá-lo ali, porque parecia um lugar muito expressivo do caráter da cidade, porque parecia estar ligado de alguma forma, por antigos traços de hábito, aos primeiros dias da colônia.

Levei um artigo do *Daily Telegraph* de 23 de dezembro de

1999, que a mim parecia um documento riquíssimo e que eu havia sublinhado nas passagens que a seguir aparecem em itálico.

O ex-proprietário de lanchonete Luigi Coluzzi escapou ontem a uma sentença de prisão em tempo integral por espancar um homem até deixá-lo inconsciente na região dos cafés de Darlinghurst no ano passado.

Em vez disso, o juiz de comarca da Nova Gales do Sul Brian Wall condenou Coluzzi, 34, a dois anos de detenção periódica pela agressão ao artista Max Droga em frente ao Bar Coluzzi na Victoria Street, em 23 de janeiro.

O juiz Wall disse ontem que se tratava de uma violenta agressão no alto da escala das graves injúrias corporais.

Ele concluiu que Coluzzi causou deliberadamente, e não imprudentemente, sérios danos físicos ao sr. Droga, e a julgar pelos fatos objetivos merecia ser preso.

Mas sob as circunstâncias subjetivas atenuantes — que Droga o havia atormentado por cinco anos e que Coluzzi tinha uma *"personalidade muito vulnerável"* —, ele optou por uma sentença mais leve.

A animosidade entre Coluzzi e Droga, segundo uma reportagem posterior do *Telegraph*, remontava a 1989, quando *Coluzzi esmagou, com um bastão de beisebol, a cabeça de um cachorro agressivo, matando-o* em frente ao seu bar.

Quatro anos depois do evento, o *amante de café* Max

Droga começou a insultar Coluzzi, chamando-o de *"matador de cães"* e *"psicopata"* sempre que se cruzavam.

No dia 23 de janeiro do ano passado, depois de algumas mudanças de rumo e de *cinco anos de comedimento*, Coluzzi agarrou Droga e começou a enchê-lo de socos, enquanto os clientes assistiam boquiabertos.

Pelo menos um dos socos o acertou em cheio, deixando Droga inconsciente e o levando a cair de cara na calçada, o que lhe causou sérios ferimentos na cabeça. *Droga foi levado às pressas ao hospital St. Vincent, onde acabou sendo submetido a uma lobotomia parcial.*

Durante as três semanas do processo, proprietários de cafés da Victoria Street, alguns dos seus clientes, um boxeador olímpico e até o chefão da ABC , David Hill, deram seus testemunhos.

Não sei se vou conseguir explicar tudo isso, disse a Jack Ledoux, mas me parece de alguma forma que é aqui que o livro deve terminar, aqui nesta calçada, com todo mundo comendo suas fogaças e tomando seus café com leite e expressos. Eu leio este artigo para você e aí você o comenta.

Jack ficou calado por um tempo e virou o rosto para o outro lado, e entendi que o tinha ofendido com a minha negatividade.

Quer saber, Peter, ele disse por fim, este bar já não pertence à família Coluzzi.

Pode ser, mas a clientela é a mesma. Continua a ter a mesma mistura de poder legal e arte, e gente que está, digamos, aquém da legalidade.

Sim, mas veja, Peter, você não está percebendo uma parte maravilhosa desta cidade. Você me contou a história de Vicki e das medalhas do pai dela.

Você não está querendo dizer que essas histórias não devem ser contadas?

Não, não, claro que não, mas é uma questão de equilíbrio. Você é o carinha — está lembrado? — que chegou aqui há um mês, querendo recolher histórias da Terra, do Ar, do Fogo e da Água.

Bem, Jack, algumas pessoas dificultaram a tarefa…

Você perdeu as suas pilhas, ele me lembrou. Você está com elas aí?

Estou, sim.

Se eu lhe contar essa história, você pelo menos a coloca depois da história do Coluzzi, e depois das medalhas?

Você quer um final feliz.

Bem, não sei o quanto essa história tem de feliz, ele riu. Não morri por um triz.

CAPÍTULO VINTE E SEIS

Você quer a história do vento sul, disse Jack Ledoux, mas antes tenho de lhe contar sobre o rio Hawkesbury.

A nascente do Hawkesbury fica perto de Goulburn, logo acima da região sudoeste de Sydney, e o rio passeia em volta da cidade quase que num círculo. Em Wisemans Ferry, ele toma o rumo do leste, em direção à costa. Quando afinal desemboca no mar, está a cerca de trinta quilômetros ao norte da Sydney Harbour Bridge.

E quando digo que ele desemboca no mar quero dizer na verdade que por vezes ele *transborda* aos borbotões.

O estuário foi apropriadamente nomeado de Broken Bay,* pois há um imenso naco de terra *quebrado* para fora da costa, abrindo uma foz de cerca de treze quilômetros de largura. O cabo Three Points fica ao norte e Barrenjoey ao sul.

E aí, no interior da foz, há aquela sobra de arenito gasta pelas intempéries: Lion Island, a ilha do leão. O leão está deitado, com a cabeça áspera virada para o mar. É um santuário de aves, e não é permitido acostar, mas se você entrar sorrateiramente pelo lado de quem vem da praia, ao abrigo do vento, poderá subir pelas costas do leão e dormir nas cavernas do alto.

* Baía Quebrada. (N.T.)

Por vezes parece até uma represa em volta de Lion Island — com a superfície lisa, que é o primeiro sinal de que um vento nordeste virá pela manhã, o próprio paraíso sobre a Terra. Mas, por outras, quando chove muito — e, como Sydney é subtropical, trinta centímetros de chuva em três dias não é nada para nós —, todo o volume de água se acumula no Hawkesbury e aquele líquido marrom *é vomitado* no oceano, e se isso acontece quando está batendo um forte vento leste, quando há um vendaval soprando da costa contra essa correnteza, *e* se ainda por cima a maré estiver na vazante, aí então é o diabo. Se você estiver num barco pequeno, o melhor é ficar longe dali.

Mas essa história não é só sobre o colosso de um vento sul, é sobre um barco muito particular, então deixe-me contar como é que ele nasceu.

Quem não tem um barco em Sydney não é um cidadão de Sydney. Bem, essa é a minha opinião, mas se você morar em Pittwater, aí então já nem é mais a minha opinião. Não tem outro jeito de chegar em casa, não tem carro nem estrada — você os deixa para trás, em Church Point, e atravessa a baía, de volta para casa, de balsa, táxi aquático ou *tinny*. Você sabe o que é um *tinny*? É um bote surrado de alumínio com um motor de popa de trinta cavalos. Tive muitos desses botes, mas em 1984 finalmente projetei um barco de madeira.

Moro em Pittwater há quase quarenta anos, mas já velejava antes, desde os nove anos de idade. A maior parte desse tempo velejando eu passei em barcos de competição, e neles você não leva *nada* consigo. Tudo deve ser reduzido ao absolutamente mínimo. Minha idéia era projetar um barco que culminasse toda essa experiência e ao mesmo tempo também fosse maravilhoso para Pittwater.

O que significa que ele tinha de ser não apenas um veleiro, mas também um barco a remo. E essa é uma equação difícil de solucionar, pois um veleiro precisa de estabilidade, e um barco a remo tem de ser comprido, estreito e fino, para poder ser impulsionado na água. Ele precisa de *instabilidade*.

Os desenhos que afinal entreguei ao construtor abarcavam essas duas qualidades.

Era o projeto de um esquife de 5,90 metros de comprimento total e 5,67 metros na linha de flutuação. Teria 1,5 metro de amurada a amurada. E vinte centímetros de altura fora da água, com a chapa de resbordo oca. O perfil seria como o de uma garrafa de vinho.

Projetei uma curvatura muita fina na proa, mas também fiz a popa afilada. De maneira que o barco poderia ir nos dois sentidos. Cortaria as águas com um mínimo de resistência e teria uma bela aparelhagem de velas. Uma vela mestra completa e seccionada, de modo que, na contraluz, as nervuras pareceriam uma asa de libélula. Não teria nem bolina móvel nem quilha mas espadelas para impedir que virasse com o vento. Isso permitiria entrar em enseadas mais rasas e estuários — e, como não haveria bolinas, duas pessoas poderiam dormir no fundo do barco, observar os pássaros com o raiar do dia e assim por diante.

O meu colega Stumpy levou sete semanas para construí-lo e passei um ano e meio dando os retoques. Foi feito com um laminado incrivelmente resistente de três chapas de cedro vermelho da Austrália, de três milímetros de espessura cada, coladas com epóxi. Batizei-o *Dorothy*, em homenagem à minha mãe.

O *Dorothy* era leve, construído como uma casca de ovo, e velejava maravilhosamente, mas para mantê-lo em pé era preciso usar o peso do seu corpo. Era um barco perigoso, não por acaso, mas pelo seu próprio desenho.

Na época dessa história, uns amigos tinham construído uma *bela* casinha subindo o Hawkesbury, cerca de 24 quilômetros acima de Lion Island. E eu velejei até lá numa tarde de janeiro. Dia lindo. Batia um vento nordeste. Subi o rio como um raio. Passei pelo vilarejo ribeirinho de Bar Point. Ao me verem passar zunindo, todos fizeram grandes acenos. *Olhem só que barquinho simpático*. Sabiam do que estavam falando.

Com o cair da noite, cheguei por fim ao pequeno córrego onde moravam meus amigos e pensei: não vou atracar agora, vou dormir no barco.

Dormi a noite inteira e passei um dia maravilhoso com os meus amigos. Mas bastou abrir os olhos na manhã seguinte para ver que o vento ia mudar para sul. Em Sydney você sempre sabe com 24 horas de antecedência quando virá um vento sul. Você terá o que *parece* um belo dia, mas lá no alto poderá distinguir aqueles cirros rabos-de-galo. São a dianteira de uma massa de ar frio entrando de frente. Essas nuvens podem se estender por cerca de mil quilômetros, o que equivale a cerca de 24 horas. O que estou querendo dizer é que o vento sul não me pegou de surpresa. Quando avistei aqueles rabos-de-galo, sabia o que tinha pela frente. E também sabia, já naquela hora, deitado no meu barco, que era bem possível que fosse um vento severo. Estava muito quente e abafado.

Essas tempestades sempre começam pelo sudoeste. Pouco a pouco vão progredindo em rotação para o sul, depois para o sudeste e, nos dias seguintes, atingem o leste e o nordeste. E quando, afinal, o vento muda para noroeste, você sabe que o ciclo está recomeçando. É esse o padrão no verão em Sydney.

O primeiro estágio do ciclo teve início durante a minha segunda noite rio acima. Era um sudoeste.

Quando acordei na manhã seguinte, já batia um forte vento sul. Olhei para o céu e vi aquelas nuvens cinzentas se movendo como uma esteira, e em *grande* velocidade. A mim, parecia que avançavam a trinta nós.

Merda, bem, provavelmente conseguirei me safar.

Achei que seria rápido, mas quando cheguei de fato ao rio, vi que o vento já estava *assobiando*. Trinta nós nos trópicos não é nada, mas trinta nós de vento sul é bem diferente. É massa polar marítima. O ar é mais denso, mais frio e mais úmido. Ronca mais.

Então eu desci *voando* por aquele rio desgraçado. Foi uma corrida de *arrepiar os cabelos*. Passei *planando* pelas águas diante do vilarejo de Brooklyn e de novo por Bar Point. As mesmas pessoas que haviam acenado para mim ao me ver subir o rio agora avistavam esse equilibrista, passando por eles numa *disparada* do cacete. Eu mal tinha mãos para acenar.

Passei debaixo da Brooklyn Bridge numa velocidade danada. Contornei *a toda* o maldito cabo de Brooklyn. Como era um barco aberto, entrava um pouco de água e havia muito borrifo por todos os lados.

O tempo inteiro o vento cortava o rio de través, o que era bom, já que eu não estava indo contra o vento. E o vento também não estava contra a maré. Mas esse barco é uma beleza de se velejar em boas condições. De modo que para bombear a água para fora você tinha de manter a escota (que é a corda que segura a vela mestra) presa nos dentes. Os pés tinham de ficar debaixo das correias. Você estava pendurado para o lado de fora. Com a mão direita no leme e as bombas penduradas para poder manuseá-las com a esquerda. Eu parecia um daqueles equilibristas de rua com cinco instrumentos musicais diferentes. Batia o bumbo com o pé direito. Quebrava nozes com o esquerdo. E descia voando rio abaixo.

Conforme vou descendo para o estuário, o rio vai se alargando. Choveu muito e, com a tempestade, um grande volume de água barrenta desce em direção ao mar. Além disso, a maré alta está se afastando, o vento está virando para sul e eu sei que as ondas devem estar se elevando lá para os lados de Barrenjoey e vindo para cá.

Penso comigo: *Que merda*.

Ao mesmo tempo eu digo: *Até agora, tudo bem*.

Contorno Juno Point, que fica talvez três ou cinco quilômetros antes da entrada do estuário. A maré se choca contra a correnteza e eu vôo. A correnteza chega a quatro nós brincando, de modo que são quatro nós *extras* acrescidos à minha velocidade. *Que travessia!*

A essa altura já se passaram duas horas, estou ficando cansado e vejo que uns barcos estão se pondo ao abrigo da margem sul do rio. Vejo um colega meu, um atracador, sei que ainda tenho o perigoso estuário pela frente e penso comigo: *É melhor sair daqui agora. Depois eu peço para ele me rebocar.*

Mas estou cada vez mais próximo de território familiar. *E até agora, tudo bem*.

Então continuo na direção da West Head e já consigo ver a Lion Island mais adiante. E um marzão na frente. As ondas estão quebrando na "proa" da ilha, estão explodindo nas pedras e caindo em cascata pelas escarpas.

Eu penso: *Tudo bem, posso me esgueirar próximo à costa...*

As águas estão revoltas pelo vento que bate contra a maré. Tudo adquiriu uma cor realmente desgraçada, um cinza esverdeado e sujo. O céu está cor de chumbo. E, ao passar por Flint e Steel Beach sob a chuva torrencial, penso duas vezes. *Eu devia me recolher ali e esperar passar.*

Mas, não, eu podia desafiar a porra do mundo inteiro àquela altura. E tinha um encontro marcado com Brigit à noite na cidade.

Até ali, eu tinha navegado "à bolina folgada", com o vento pegando o barco de lado. Mas ao me aproximar da abertura de Pittwater, o vento parecia estar saindo da porra da boca de um trombone. Soprava a quarenta nós e estava aumentando.

Eu penso: *Merda*, mas já é tarde. Não dá para fazer meia-volta nem mesmo se eu quiser. Estou ao sul da Lion Island e o vento vem do sul, de modo que se parar serei jogado contra as pedras.

Daí que a minha única escolha é atravessar o estuário de Pittwater. Posso virar de bordo sob o cabo de Barrenjoey, contorná-lo e talvez, com sorte, me esgueirar até a praia. Há rajadas de chuva e ninguém em lugar nenhum. Minha maior ambição agora é chegar inteiro à praia.

Atravesso todo o estuário de Pittwater, bombeando água

para fora da porra do barco o tempo inteiro. Chego a Barrenjoey. Viro de bordo. E começo a executar o meu plano quando vejo aquele pé-de-vento se aproximando. Bate com tanta força que varre o borrifo da superfície da água. Ao se aproximar, ele *gira* e *dá voltas*.

Puta merda.

Ele me pega de jeito e me joga direto no mar.

O meu barco se encheu de água na hora. Eu estava na água. Completamente fodido. O meu saco de dormir estava indo embora, assim como a minha mochila e os meus cadernos de desenho. O barco virou de cabeça para baixo. O leme se soltou.

Bem, não consigo nadar e, além disso, o preceito áureo dos veleiros é: *permaneça com o barco*. De modo que me agarro a ele.

Aos poucos, é claro, o vento me empurrou para fora da proteção de Barrenjoey e aí eu comecei a ser carregado pela corrente. O mar revolto pelo vento sul girava em torno de Barrenjoey. Ondas de três a quatro metros, talvez. É claro que o fundo do barco tinha sido polido com acabamento para regatas e o meu colega Beetle depois me diria: *Dava para ver as marcas das unhas no fundo do barco*. Por fim, consegui me pendurar num dos lados, mas seguia cada vez mais para alto-mar e as ondas ficavam cada vez maiores. Àquela altura, já eram três da tarde. Eu estava ficando mais cansado e com mais frio, e comecei a me desgarrar do barco. Eram como ondas de surfe. Eu era jogado para longe do barco e voltava a me agarrar a ele, e assim por diante. Só consigo me lembrar — conforme me dei conta da seriedade da situação — da *raiva*, uma puta *raiva*. Era praticamente a única coisa que me mantinha aquecido.

Vez por outra, eu podia entrever Pittwater surgindo em meio ao mau tempo e sabia que a casinha da minha mãe ficava ali embaixo e que ela, cujo nome eu dera ao meu barco, devia estar tranqüilamente assistindo à televisão com um copo de uísque ao lado.

Mas eu tinha estragado tudo. Tinha estragado tudo por pura estupidez. A corrente me puxava cada vez mais para fora e agora eu estava indo para o moedor, quero dizer, para Lion Island, onde eu e o meu barco seríamos feitos em pedacinhos, estraçalhados contra as pedras.

E eu pensei: *Pronto*.

E: *Seu cabeça de merda*.

Fiquei ali agarrado, esperando por um milagre. E aí comecei a achar que estava vendo alguma coisa. Um imenso pé-d'água vinha de Pittwater e dava para ver *alguma coisa* através dele. O que quer que fosse, aparecia e desaparecia, e assim por diante. Achei que não pudesse ser um barco, mas era, um barco a motor, e não estava subindo o rio, mas saindo para o mar. Pensei: Que espécie de *imbecil* é esse que resolve sair para mar aberto com este tempo?

Mas ele foi se aproximando mais e mais. E finalmente pude vê-lo com nitidez — um 35 pés — e você sabe que nunca gostei desse tipo de lancha com *flying bridge*, mas lá estava ela, *Jennifer*, com aquele sujeito pequenininho, lá em cima, na ponte de comando. E rebocava um bote, o que *provava* que era louco. Você *nunca*, em hipótese alguma, reboca um bote em alto-mar, porque ele pode afundar e aí você está numa verdadeira enrascada.

Então ali estou eu, quase me afogando e pensando: *Ai, meu Deus, o cara é louco.*

Mas também: *Ele vai me salvar.*

A *Jennifer* agora estava quase em cima de mim. Subia as ondas imensas e depois caía com toda a força, mas foi se aproximando e ao passar ao meu lado descendo uma onda, eu *me agarrei* à proa, que se *lançou* novamente ao ar, me içando do *Dorothy* como a porra de um guindaste.

Eu estava com hipotermia. Estava exausto, mas consegui subir pela proa do barco. E cambaleei na direção do meu salvador.

Por quê?, perguntei a ele. *Por que você saiu até aqui?*

Estava lá na porra do estuário, ele diz, veio a tempestade e achei que alguém podia estar em dificuldade, então saí para dar uma olhada.

O nome do meu salvador era Stratmore Garside. Era um verdadeiro personagem, o menor de todos os anjos de Deus. Ele me deu as roupas dele para eu vestir. As calças batiam aqui em mim. E um suéter pequenininho. Salvou a minha vida. E aí chamou a guarda costeira pelo rádio, para que viessem resgatar o meu barco.

É lógico que a guarda costeira é formada por gente do lugar. E vieram como um raio. Foram simplesmente brilhantes. Mas quando viram o pequeno Stratmore com sua lancha e o bote, devem ter reconhecido de imediato a iminência do desastre.

Pelo amor de Deus, dê o fora dessa porra já.

Stratmore ficou ofendido com a mensagem no rádio. *Qual é o problema, será que eles não vêem que estou com tudo sob controle?*

Um tipo maravilhoso. Logo ao chegar em casa, ou na manhã seguinte — pois é quando desenho melhor —, fiz para ele uma representação da cena. Na realidade era um esboço a carvão, mas passando a idéia da tempestade e da lancha saindo de dentro do nevoeiro. Esse cara era demais, embora os guardas estivessem certos — ele devia ter dado a volta e ido embora, mas era um sujeito destemido e ficou com o *Dorothy* até os guardas chegarem.

Pelo amor de Deus, dê o fora dessa porra já.

Ficou ofendido mas obedeceu, embora não antes de eu poder testemunhar o meu grande colega Bowsey pular da lancha da polícia dentro daquele mar assombroso. Amarrou uma corda em torno do meu barco e eles o rebocaram. Lado a lado! A doze nós! Meu Deus, você devia ver a fotografia — o barco está inteirinho fora da água.

Você deve achar que fiquei contente porque o meu barco sobreviveu ao resgate e a minha vida foi salva, mas logo comecei a encanar com aquele leme perdido. Fabricálo tinha me tomado muito tempo e cuidado. E comecei a pensar que, se a corrente estava indo para fora e o vento sul soprando para dentro, e se a maré estava para mudar, então o meu leme *podia* ter sido levado para alto-mar e *podia* ter sido carregado para o norte, indo parar numa daquelas praias perto de Ettalong.

É claro que também podia simplesmente ter se espatifado nas pedras de Lion Island, mas assim mesmo liguei para o meu colega Fisho, que mora em Woy Woy, e lhe pedi para pôr um anúncio no jornaleco local.

Em menos de uma semana, ele me telefonou de volta. *Um cara me ligou, achou o seu leme.*

Você está de sacanagem.

Fisho explicou que o cara estava pescando na maré baixa, costa acima, perto de Gosford, e tropeçou em alguma coisa debaixo das algas.

Por acaso, ele também fazia parte do movimento de artes e ofícios local. Era um *marceneiro* e quando viu o mogno vermelho, logo percebeu o seu valor. O que agora tinha nas mãos era a pá em madeira laminada de um leme de centro — a parte central da cabeça feita de liquidâmbar manchado, as faces em cedro e a curva da cana em compensado de faia australiana. *É o meu dia de sorte*, ele pensou. Levou a peça para casa e a pôs no consolo da lareira.

E aí o pobre pilantra leu o anúncio de Fisho no jornal local. Foi um teste de caráter cruel, pelo qual ele passou com as melhores notas. Ainda assim, não ficou propriamente *encantado* quando o procurei.

Descreva o leme para mim.

E eu descrevi.

Só podia acontecer comigo.

Nem sei como agradecer.

Tenho certeza que não.

Você se importa se eu passar para pegar o leme?

Não.

O que eu posso levar para você?

Uma garrafa de rum Inner Circle.

Então eu comprei uma garrafa de rum Inner Circle e fui para um depósito em Gosford onde esse cara trabalhava como empacotador no setor de armazenamento.

E ele me entregou o leme.

E eu lhe paguei na moeda mais antiga de todas.

E assim termina a história.

SOBRE O AUTOR

PETER CAREY nasceu em Bacchus Marsh, na Austrália, em 1943. Há dez anos, vive em Nova York com a mulher, Alison Summers, e os dois filhos. Seus livros ganharam todos os principais prêmios literários australianos, incluindo o Miles Franklin (três vezes) e o National Book Council Award (três vezes). *Illywhacker*, seu romance de 1985, foi selecionado para o Booker Prize. O seguinte (*Oscar e Lucinda*, 1988) ganhou o Booker Prize. *Jack Maggs* (1997) recebeu o Commonwealth Prize. Seu último romance é *True History of the Kelly Gang*.

●

ESTA OBRA FOI COMPOSTA POR RAUL LOUREIRO EM FILOSOFIA,
TEVE SEUS FILMES GERADOS PELO BUREAU 34 E FOI IMPRESSA PELA
DONNELLEY COCHRANE GRÁFICA EDITORA EM OUTUBRO DE 2001